Christine Ebner



# Schönheit aus den Fingerspitzen

*Christine Ebner*, geboren 1940, lernte die Akupressur während ihrer journalistischen Tätigkeit, u.a. zu Themen der natürlichen Behandlung von Krankheiten, kennen. Sie vertiefte ihre Kenntnisse auf zahlreichen Reisen, u.a. nach China, und bildete sich selbst zur Expertin dieser alten chinesischen Heilmethode aus.

Christine Ebner

# Schönheit aus den Fingerspitzen

## Gesund und schlank durch Akupressur

Ariston Verlag

Die Deutsche Bibliothek – CIP-Einheitsaufnahme

Ebner, Christine:
Schönheit aus den Fingerspitzen: Gesund und schlank
durch Akupressur / Christine Ebner. – 1. Aufl. – Kreuzlingen;
München: Ariston Verlag, 1998
ISBN 3-7205-2013-7



Umschlaggestaltung: Schindler, Parent & Cie., Meersburg
Umschlagmotiv: The Image Bank
Zeichnungen: Thomas Börnchen
Satz: DTP-Service
Druck: Graphische Großbetriebe Pößneck

ISBN 3-7205-2013-7

# EINLEITUNG

Schönheit ist ein kostbares Gut, an dem den meisten Menschen viel gelegen ist und an dem einige sehr gut verdienen. Mit verschiedensten Hautpflegelotionen, Tages- oder Nachtcremes, Gesichtsmasken und ähnlichem mehr kann die Kosmetikindustrie glänzende Umsätze verbuchen. Doch damit nicht genug: Auch viele Pharmaunternehmen bieten »schönmachende« Präparate an – angefangen bei Vitaminpillen über verschiedene Heilkräuter bis hin zu Salben, Ölen und Tinkturen. Und all das kostet viel Geld.

Geht es nicht billiger – und vielleicht auch gesünder? Selbstverständlich! Wenn Sie die Anweisungen dieses Buches befolgen, dürften sich Ihre Ausgaben für Schönheitspflegemittel erheblich verringern. Mit Hilfe der Akupressur können Sie kostenlos und nebenwirkungsfrei schön, schlank und außerdem gesund bleiben oder werden!

Akupressur ist eine vor über viertausend Jahren in China entwickelte Behandlungsmethode, bei der mit dem Daumen oder anderen Fingern Druck auf bestimmte Stellen am Körper ausgeübt wird, so daß sich der Energiefluß im Körper normalisiert. Diese Regulation ist äußerst wichtig, denn nach Auffassung der chinesischen Medizin treten Krankheiten immer dann auf, wenn der Fluß unserer Lebensenergie gestört ist. Durch Massage der richtigen Reflexzonen am Körper und durch Akupressur bestimmter Punkte kann der Energiefluß normalisiert werden und ein erkrankter Mensch wieder gesunden.

Noch heute ist die Akupressur in China – dort *Tui Na* (Schieben und Kneten) oder *An Mo* (Drücken und Streichen) genannt – ein fester Bestandteil des Systems der traditionellen chinesischen Medizin. Durch Drücken, Beklopfen oder Massieren eines oder mehrerer Punkte auf der Körperoberfläche werden Beschwerden gelindert, Schmerzen beseitigt oder chronische Leiden günstig beeinflußt.

»Was aber«, werden Sie fragen, »hat die Akupressur denn nun mit Schönheit zu tun?« Eine ganze Menge! Denn sobald in unserem Organismus etwas nicht mehr »stimmt«, leidet auch das Aussehen darunter, und erst wenn die Unpäßlichkeit beseitigt ist und man sich wieder wohl fühlt, kehrt das ursprüngliche Erscheinungsbild zurück.

Dieses Buch zeigt Ihnen, wie Sie mit Hilfe der Akupressur Ihre Gesundheit fördern, ein gepflegtes Aussehen und eine schlanke Linie behalten oder zurückerobern können. Dafür müssen Sie weder Geld ausgeben noch große Anstrengungen unternehmen. Ein bißchen Zeit sollten Sie allerdings schon täglich für sich und Ihre Schönheit erübrigen.

## *Allgemeine Hinweise zur Akupressur:*

- Waschen Sie Ihre Hände vor jeder Akupressur in lauwarmem Wasser, und kneten Sie sie hinterher leicht durch. Damit sensibilisieren Sie Ihre Finger.
- Egal welche Position Sie bei einer Akupressur einnehmen: Achten Sie immer darauf, daß Sie entspannt sind dabei. Wenn Sie zum Beispiel einen Punkt am Arm drücken, mag es für Sie bequemer sein, Ihren Arm auf einem Tisch abzulegen als ihn vor dem Körper zu halten. Probieren Sie

selbst aus, welche Haltungen für Sie am angenehmsten sind.

- Lesen Sie die Übungsanweisungen sorgfältig und drücken nicht irgendwohin, sondern genau auf die beschriebenen Akupressurpunkte.
- Da die Körperproportionen bei jedem Menschen unterschiedlich sind, wird die genaue Lokalisation der Akupressurpunkte in China in Proportionalzoll, Cun genannt, angegeben. 1 Cun entspricht der Dicke des Daumens oder der Länge vom Mittelglied des Mittelfingers des jeweiligen Menschen. 3 Cun entsprechen der Breite der nebeneinander liegenden Finger (ohne den Daumen). Wenn in diesem Buch die Rede von einer Fingerbreite ist, so ist damit 1 Cun gemeint. Eine Handbreit entspricht 3 Cun.
- Sollten Sie einmal nicht sich selbst, sondern einen Partner akupressieren wollen, müssen Sie stets dessen Finger zum Maßstab nehmen und nicht Ihre eigenen.
- Verlieren Sie nicht die Geduld. Auch bei der Akupressur gilt die Devise »Gut Ding will Weile haben«. Nur mit Ausdauer und Regelmäßigkeit werden Sie die erwünschten Resultate erzielen können.

# VON KOPF
# BIS KRAGEN

# PFLEGE FÜR HAAR UND KOPFHAUT

Zupfen Sie sich mal ein Haar aus und betrachten es aufmerksam. Was Sie da sehen, ist etwas ganz Besonderes – von Dichtern und Malern aller Zeiten verherrlicht und der Stolz oder das Sorgenkind der gewöhnlichen Sterblichen. Wahrscheinlich opfern wir unserem Haar mehr Zeit, Gedanken und Geld als unserem übrigen Körper. Wir schneiden, wellen, färben und rasieren es, ganze Industriezweige leben von unseren Bemühungen um unser Haar.

Unser Haar besitzt einige erstaunliche Eigenschaften. Es ist so fest wie Aluminium. Zu einem feinen Seil gedreht, könnte Ihr Kopfhaar ein Gewicht von 900 Kilogramm tragen – soviel wie ein mittelgroßes Auto. Es wächst ein bis zwei Zentimeter im Monat, im Sommer schneller als im Winter, am Tage schneller als bei Nacht.

Unter dem Mikroskop erinnert der Querschnitt durch ein Haar an den Querschnitt durch einen Baumstamm. Die Zellen der äußeren Schicht überlappen einander wie Dachziegel. Die nächste Schicht besteht aus länglichen, faserigen Zellen, die dem Haar seine Festigkeit und Elastizität verleihen. Diese Schicht enthält auch das Pigment, den Farbstoff des Haares.

Das einzelne Haar entsteht im Haarfollikel oder Haarbalg, einem feinen, tief in die Haut führenden Kanal. An seinem Ende sitzt die Haarzwiebel mit den für die Entwicklung und Ernährung von Zellen notwendigen Nerven und Blutgefäßen. Die neu gebildeten Zellen stoßen die alten durch den Haarbalg an die Oberfläche, wobei die alten Zellen durch Einwirkung des Keratins einen Verhornungsprozeß durchmachen. Das Keratin ist ein chemischer Stoff, den wir unter anderem in den Finger- und Fußnägeln und im Horn der Rinder finden.

Weil das Haar beziehungsweise der aus der Kopfhaut herausragende Haarschaft also nicht mehr aus lebendigen Zellen besteht, könnte man es als »tot« bezeichnen. Aus diesem Grund empfinden wir beim Haareschneiden keinerlei Schmerz.

Der Haarbalg ist von glatten Muskelfasern umgeben, die sich bei Kälte oder Angst unter einem eigenartig prickelnden Gefühl zusammenziehen, so daß sich die Haare aufrichten – daher der Ausdruck »mir stehen die Haare zu Berge«.

Die Form des Haares wird von der Form des Haarbalgs bestimmt. Ist dieser rund, haben wir glattes Haar, ist er oval, so wird das Haar lockig.

## Wenn die Haare ergrauen oder ausfallen

Das Pigment wird tief im Haarboden in das Haar eingebaut, und wenn der Haarschaft erst einmal die Oberfläche der Kopfhaut durchstoßen hat, ändert er seine Farbe nicht mehr. Mit den Jahren läßt die Pigmenterzeugung allerdings langsam nach und hört schließlich ganz auf. Das Haar wird erst grau und schließlich weiß. Wann dies allerdings passiert, ist individuell sehr verschieden. Die Schulmedizin vertritt die Auffassung, vorzeitiges Ergrauen sei erblich bedingt, und es lasse sich wenig dagegen tun.

Jedes einzelne Kopfhaar hat eine Lebensdauer von zwei bis fünf Jahren. Dann schrumpft der Haarbalg zusammen und legt eine Ruhepause ein; das Haar fällt aus. Ein gewisser Verlust von etwa 80 Haaren täglich ist also normal. Von Haarausfall spricht man erst dann, wenn mehr Haare verloren gehen als neue entstehen. Die Schulmedizin kennt in bezug auf den Haarausfall ganz unterschiedliche Ursachen, aber ebenfalls wenig Mittel, um dem entgegenzuwirken.

## Kopfmassage für schönes Haar

Die Alten Chinesen hingegen waren schon vor langer Zeit der Ansicht, daß man sehr wohl etwas gegen das verfrühte Ergrauen und den Haarausfall tun könne. Sie erkannten schon vor Jahrtausenden die Wirksamkeit einer täglichen Kopfmassage und stellten außerdem fest, daß zwischen der Erhaltung der Gesundheit und der Haarpflege ein Zusammenhang besteht. So heißt es in einem Klassiker der chinesischen Medizin, daß »es neben der Diät und Leibes- und Atemübungen noch zwei weitere Dinge gibt, die für die Erhaltung der Gesundheit entscheidend sind: sich die Haare zu kämmen und die Füße zu waschen.« Und an einer anderen Stelle steht geschrieben: »Die Haare mehr als tausendmal zu kämmen schützt vor dem Ergrauen.«

Natürlich meinten die Autoren mit »Kämmen der Haare« etwas anderes als das, was man heute darunter versteht. Es handelte sich um eine Massage des Kopfes mit den Händen statt mit dem Kamm. Mit Hilfe der chinesischen Kopfmassage können Sie Ihr Haar festigen und ihm einen seidenen Glanz verleihen:

### *»Die Haare kämmen«*

- Legen Sie beide Zeige- und Mittelfinger auf die Stirnmitte, und beginnen Sie damit, die Kopfhaut sanft mit kreisförmigen Bewegungen zu massieren. Setzen Sie diese Akupressur über den Mittelscheitel bis zum Hinterkopf fort. Wenn Sie dort angelangt sind, beginnen Sie wieder an der Stirn.
- Führen Sie diese wohltuende Kopfmassage morgens nach dem Aufstehen und abends vor dem Schlafengehen jeweils 10 bis 15 Minuten lang durch.

## Wenn Schuppen rieseln

Etwa 15 Prozent aller Frauen und 30 Prozent aller Männer leiden an mehr oder weniger starkem Schuppenbefall. Der Grund: Bei ihnen ist der Prozeß der Zellerneuerung der Haut empfindlich gestört. Die Schuppenbildung ist eigentlich kein Haar-, sondern ein Hautproblem.

Um den natürlichen Vorgang der Hautschuppung und Hauterneuerung zu verstehen, muß man folgendes wissen: Gesunde Haut erneuert sich alle 27 Tage. Die oberste, sichtbare Hautschicht, Epidermis oder Oberhaut genannt, besteht aus fünf Schichten. Aus den beiden untersten Zellschichten, die als Keimschicht zusammengefaßt werden, entstehen durch Zellteilung kontinuierlich neue Zellen. Sie schieben sich langsam durch alle Schichten der Oberhaut. Während dieser »Wanderung« verändern sich die Zellen; sie verhornen, sterben ab und werden als kleine, unsichtbare Zellen der äußersten Hornschicht abgestoßen.

Sichtbare Schuppen entstehen, wenn die neuen Zellen schneller wachsen, als sie sollen. Das Gleichgewicht zwischen Zellerneuerung und Zellabstoßung ist gestört; die Verhornung findet nicht statt. Statt in 27 Tagen werden die Zellen im Extremfall bereits in etwa vier Tagen an die Oberfläche transportiert. Dort sind sie als grauweiße oder silberne Schüppchen sichtbar, die zum Beispiel beim Kämmen oder Kopfschütteln auf die Kleidung rieseln.

Die eben beschriebene Form wird »trockene Schuppen« genannt. Daneben gibt es auch die »fettigen Schuppen«. Sie treten meist bei Menschen mit fettiger Haut auf. Zur Verhornungsstörung kommt noch eine verstärkte Talg- und Schweißproduktion hinzu: Der übermäßig produzierte Hauttalg setzt sich an den Haaren ab. Die Folgen sind fettige Haare und Schuppen.

## Akupressur gegen Schuppen

In der chinesischen Medizin wird das Haar als »das Ende des Blutes« betrachtet. Mit anderen Worten: Das Haar wird durch das Blut ernährt und ist somit abhängig von einer guten Blutversorgung der Kopfhaut. In einem Klassiker der chinesischen Medizin heißt es: »Wenn ein junger Mensch ergraut, sein Haar verliert oder Kopfschuppen hat, so zeigt es eine übermäßige Hitze im Blut an.« Folglich können wir über eine Regulation des Energie- und des Blutflusses im Körper und insbesondere in der Kopfregion mit Hilfe von Akupressur auf solche Beschwerden einwirken.

Mit den beiden folgenden Übungen können Sie Ihren Schuppen den Garaus machen:

## *An Ohren und Haaren ziehen*

- Legen Sie Ihren rechten Arm über Ihren Kopf, und ergreifen Sie mit der Hand das linke Ohr am oberen Rand der Ohrmuschel. Legen Sie dann auch Ihren linken Arm über den Kopf, und ergreifen Sie mit der linken Hand die rechte Ohrmuschel. Ziehen Sie jetzt beide Ohrmuscheln mindestens zwanzigmal nach oben – und zwar so stark, daß es ein bißchen weh tut.
- Anschließend ziehen Sie an Ihren Haaren. Fangen Sie mit beiden Händen vorne an und gehen langsam zum Hinterkopf. Nehmen Sie jeweils ein Büschel Haare in die Hand und ziehen kräftig – aber natürlich nicht so stark, daß Sie sich die Haare ausreißen! Wenn Sie hinten angelangt sind, beginnen Sie nochmals von vorne. Wiederholen Sie diese Prozedur insgesamt fünfmal.
- Gönnen Sie sich diese Behandlung jeden Morgen nach dem Aufstehen.

## *Sieben Punke am Kopf drücken*

- Bei dieser Behandlungsmethode gegen Schuppen müssen Sie insgesamt sieben Akupressurpunkte in den Griff kriegen. Das mag zwar auf den ersten Blick ziemlich verwirrend aussehen. Wenn Sie sich jedoch genau an die Vorgaben halten, können Sie die entsprechenden Stellen leicht finden, weil sie recht druckempfindlich sind.
- Punkt A: am Beginn der Augenbrauen über der Nase; Punkt B: in der Mitte des Kopfes, einen halben Fingerbreit über dem Haaransatz; Punkt C: in der Mitte des

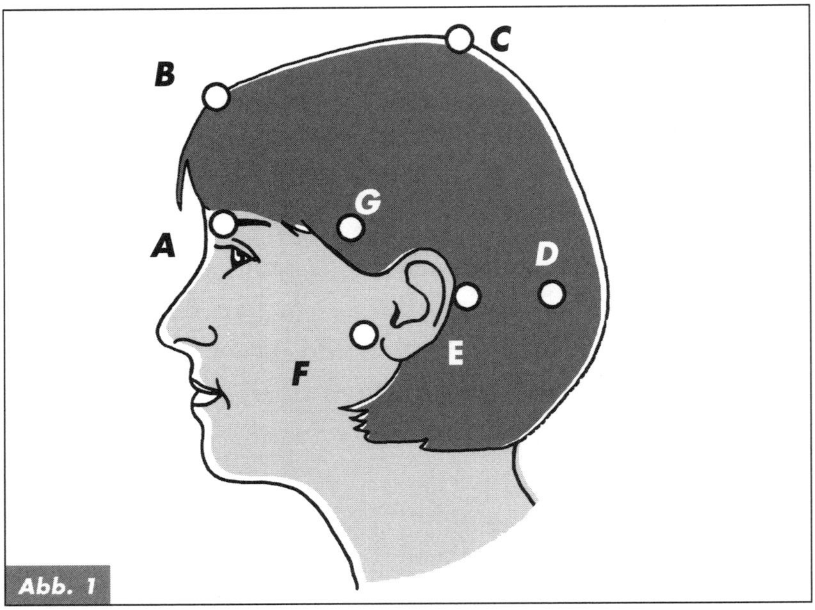


Abb. 1

oberen Hinterkopfes, wo Sie eine Rille spüren; Punkt D: am Hinterkopf in der unteren Rille; Punkt E: bei an den Kopf angelegtem Ohr liegt der Punkt hinter der Mitte der Ohrmuschel; Punkt F: am unteren Ende des Ohres; Punkt G: ein Fingerbreit über dem Ohr (Abb. 1).

- Spreizen Sie die Finger beider Hände und beugen sie leicht an, so daß die Hände die Form einer Egge bekommen. Legen Sie die Daumenspitzen auf die beiden G-, die kleinen Finger auf die A-Punkte und stellen die anderen Finger in gleichmäßigem Abstand voneinander auf dem Kopf auf.
- Wandern Sie mit Ihren Fingern über den gesamten Kopf nach hinten, und üben Sie dabei mittelstarken Druck aus. Akupressieren Sie so, daß die kleinen Finger B über-

queren und zu C gelangen, wobei gleichzeitig D mit den Zeigefingern und mittelstarkem Druck gepreßt wird.

- Massieren Sie dann mit Ihren Daumen mit nicht zu kräftigem Druck den E-Punkt auf beiden Seiten des Kopfes und danach die Punkte F und G.
- Die ganze Prozedur sollte etwa fünf Sekunden dauern und mindestens zwanzigmal wiederholt werden.
- Machen Sie diese Akupressur am besten morgens nach dem Aufstehen. Sie aktiviert die Blutzirkulation des ganzen Kopfes und sorgt außerdem für gute Laune.

# VERSCHAFFEN SIE IHREN AUGEN NEUEN GLANZ

Das Auge ist das wichtigste Sinnesorgan des Menschen und eines der überragenden Wunderwerke der Natur. Etwa achtzig Prozent der Informationen, die der Mensch aus der Umwelt aufnimmt, werden über die Augen vermittelt, die so aufnahmefähig sind, daß gleichzeitig rund 1,5 Millionen Signale registriert werden können.

Der Sehvorgang löst nicht nur Bilder aus. Wir nehmen durch das Auge Helligkeitswerte, Formen, Farben und Bewegungen wahr und sehen die Objekte plastisch. Außerdem erkennen wir die Tiefen, die Dimensionen, wir haben die Fähigkeit, auszuwählen, uns auf bestimmte Gegenstände zu konzentrieren. Aber wir verwenden nicht alle Eindrücke sofort, um uns ein Bild zu machen. Vielmehr müssen erst alle Informationen zum Großhirn geleitet werden, wo sie zu Bildern zusammengeführt werden.

Über die Augen nehmen wir auch Kontakte zu anderen Menschen auf. Wir antworten unwillkürlich auf Stimmungen, auf freundliche und feindliche Haltungen uns gegenüber, die wir den anderen »von den Augen« ablesen. Der ganze Mensch ist am Sehen beteiligt. Im übrigen hat das Auge die Fähigkeit, Impulse aufzunehmen, die das vegetative Nervensystem beeinflussen. Damit wird unser Organismus über das Auge in den Wechsel von Hell und Dunkel und darüber in den 24-Stunden-Rhythmus des Tages einbezogen.

Im Vergleich zu anderen Organen kann der Mensch relativ wenig für die Gesunderhaltung seiner Augen tun. Er braucht in der Regel die Hilfe eines Facharztes, allein schon deswegen, weil man die eigenen Augen nicht so inspizieren kann, wie es erforderlich ist. Besonders wer »in die Jahre« kommt, sollte sich einmal im Jahr beim Augenarzt sehen lassen.

## Vorbeugende Akupressur gegen Kurzsichtigkeit

Es ist allerdings auch nicht so, daß Sie gar nichts für Ihre Augen tun können. Die traditionelle chinesische Medizin hat eine Akupressur entwickelt, mit der Sie Ihre Sehschärfe lange Zeit behalten können, und sie ist gar nicht schwer durchzuführen.

### *Die Augen reiben und ausstreichen*

- Reiben Sie Ihre Hände so lange aneinander, bis sie warm sind.
- Drücken Sie beide Handflächen eine Minute lang auf die geschlossenen Augen, und reiben Sie diese anschließend mit den Zeige- und Mittelfingern dreimal im Wechsel nach links und dann nach rechts.
- Streichen Sie nach einer kurzen Pause mit den Händen wie beim Waschen abwärts über den Hals und die Brust bis zum Bauch.
- Halten Sie Ihre Augen noch ungefähr zehn Sekunden geschlossen und öffnen sie dann langsam. Blicken Sie

zuerst nach links, dann nach rechts, anschließend nach vorn in die Ferne.

- Wenn Sie diese Übung regelmäßig jeden Morgen durchführen, werden Sie noch lange Zeit klar sehen können.

## Die empfindliche Augenpartie

Um die Augen herum zeigen sich die Spuren der Hautalterung meist sehr frühzeitig. Das liegt daran, daß die Haut in Augennähe wesentlich dünner ist als im übrigen Gesicht, kaum Unterhautfettgewebe und nur eine geringe Menge der Stützfasern Elastin und Kollagen besitzt. Außerdem wird gerade die Augenpartie durch mechanische Beanspruchung stark in Mitleidenschaft gezogen: Unzählige Lidschläge, Mimik und Augenkneifen halten diesen Bereich tagsüber in ständiger Bewegung und prägen ihn je nach Temperament und charakterlicher Veranlagung.

Wichtig ist vor allem, daß sich feine Linien nicht schon vorzeitig zu Fältchen oder Krähenfüßen vertiefen. Daher sollte die Augenzone, die so sehr im Blickpunkt steht, besonders pfleglich behandelt werden. Mit den herkömmlichen Cremes allein ist es allerdings nicht getan – Sie müssen schon mehr tun, um ein »knitterfreies« Gesicht zu behalten.

Als erstes sollten Sie jede mimische Überbeanspruchung vermeiden. Das heißt aber nicht, daß Sie ab sofort auf jedes Augenzwinkern verzichten sollen, zumal ein paar Lachfältchen dem Gesicht einen positiven Ausdruck verleihen. Wenn Sie aber zum Beispiel eine Brille tragen müssen und aus

Eitelkeit darauf verzichten, werden Sie unweigerlich die Augen zusammenkneifen und schnell tiefer werdende Augen- und Stirnfalten bekommen.

Auch vor dem Bildschirm werden die Augen besonders beansprucht. Starren Sie daher nicht unentwegt auf die »Kiste«, sondern stehen Sie immer wieder auf und bewegen sich, um Muskulatur und Augen zu entspannen. Die berühmte Denkerpose – der Arm ist aufgestützt, die Wange ruht in der Hand und wird mehr oder weniger zerknautscht zum Auge hin verschoben – ist für die zarte Augenumgebung auch eher schädlich.

## Akupressur für die Augen

Mit Hilfe von Akupressur können Sie das Umfeld Ihrer Augen entspannen und verwöhnen und etwas gegen brennende, ermüdete und angespannte Augen tun.

Bei Ermüdung der Augen …

### *Akupressur der Augenbrauen*

- Legen Sie die Fingerspitzen beider Hände auf die Augenbrauen, so daß Ihre kleinen Finger sich zwischen den Augenbrauen treffen. Ziehen Sie Ihre Finger dann mit kräftigem Druck vom Nasenrücken über die Augenbrauen nach außen, und umkreisen Sie mehrmals die Schläfen. Lassen Sie die Finger anschließend sanft(!) unter den Augen zurück zur Nase gleiten, und wiederholen Sie diese Übung mindestens fünfmal.

- Nehmen Sie anschließend Ihre Augenbrauen, am Nasenrücken beginnend, zwischen Daumen und Zeigefinger und drücken sie leicht zusammen. Arbeiten Sie sich langsam bis zu den Schläfen vor, lassen dort los und beginnen wieder von vorne. Machen Sie auch diese Übung fünfmal.

Bei brennenden Augen …

### *Akupressur der Augenlider*

- Stützen Sie Ihr Kinn auf beide Daumen. Schließen Sie die Augen, und beschreiben Sie mit den Kuppen der Mittel- oder Zeigefinger kleine Kreise auf den Augenlidern. Suchen Sie immer wieder neue Stellen, und üben Sie dabei nur einen sanften, angenehmen Druck aus.

Zur Entspannung der Augen …

### *Akupressur der Augäpfel und der Schläfen*

- Legen Sie Ihre Finger zur Nase hin quer über die Augenpartie, so daß Mittel- und Ringfinger die geschlossenen Lider bedecken. Lassen Sie sie dort kurz ruhen, und ziehen Sie sie dann behutsam zur Seite zu den Schläfen, bis zum Haaransatz. Üben Sie dort mit den Mittelfingern dreimal leichten Druck aus und kehren dann zur Ausgangsstellung zurück. Wiederholen Sie diese Akupressur fünfmal.
- Zum Schluß halten Sie die gewölbten Hände vor die Augenpartie und ziehen die Fingerspitzen mit sanftem Druck nach außen. Danach nehmen Sie die Hände weg und öffnen Ihre Augen weit.

# MIGRÄNE – WENN IHR KOPF ZU ZERSPRINGEN DROHT

Zahlreiche Frauen werden von »typisch weiblichen« Kopfschmerzen geplagt, deren Ursache in Fehlsteuerungen des Hormonsystems kurz vor oder während der Menstruation zu suchen sind. Dieses Kopfweh steigert sich dann nicht selten zu einem regelrechten »Migräneanfall«.

Migräne bringt heftige Schmerzen mit sich, was sich natürlich negativ sowohl auf das Wohlbefinden als auch auf das Aussehen auswirkt. Die Augen sind klein oder verschwollen, das Gesicht ist blaß und die Stimmung auf dem Tiefpunkt.

Doch nur in einem von zehn Fällen handelt es sich um eine »herkömmliche« Migräne, die sich an folgenden Warnzeichen erkennen läßt: Es flimmert plötzlich vor den Augen, man sieht Punkte und Linien und manchmal auch kurze, grelle Blitze. Gelegentlich kommt in den Armen und Beinen ein prickelndes Gefühl der Taubheit dazu, das sogar zu einer vorübergehenden Lähmung führen kann. Alle diese Symptome treten gewöhnlich nur auf einer Körperseite auf, und zwar in 89 Prozent der Fälle auf jener, die der schmerzenden Kopfseite gegenüber liegt. Der Kopfschmerz selbst hält vier bis sechs Stunden an und hat oft Appetitlosigkeit, Übelkeit und Erbrechen zur Folge.

Vier von fünf Migränekranken sind Opfer der »normalen« Migräne, auch »Sommer-Kopfweh«, »Perioden-Kopfweh« und ähnlich genannt. Die Schmerzen werden meist von einer einfachen Magenverstimmung oder sogar von seelischen Störungen begleitet.

Etwa fünf Prozent der Migräneopfer leiden an der »Intervall-Migräne«, die häufiger bei Männern als bei Frauen und meist erst nach dem 35. Lebensjahr auftritt. Wie der Name schon sagt, handelt es sich hier nicht um einen lang anhaltenden Schmerzzustand, sondern um eine Folge von Schmerzempfindungen, die in unterschiedlichen Abständen wiederkehren. Innerhalb von 24 Stunden kann es zu zwei oder drei, ja sogar sechs einzelnen Schmerzanfällen kommen, die abrupt beginnen und nach 20 bis 90 Minuten ebenso plötzlich wieder abebben.

Inzwischen ist erwiesen, daß sich während eines Migräneanfalls in der betroffenen Schädelhälfte biochemische Substanzen bilden, die bei anderen Menschen nicht zu finden sind. Das kann, muß aber nicht unbedingt zum Ausbruch der heftigen Kopfschmerzen führen. Auslöser ist zu 90 Prozent ein Streßfaktor. Dabei handelt es sich meist um seelische Belastungen, manchmal aber auch um körperliche – etwa zu Beginn der Wechseljahre, bei Entbindungen oder bei allgemeiner körperlicher Erschöpfung.

## Herkömmliche Behandlung von Migräne

Mit schulmedizinischen Mitteln kann Migräne im eigentlichen Sinne des Wortes nur selten »geheilt« werden. Die Ursachen sind zu vielseitig. In der Regel werden den Migränepatienten starke Kopfschmerztabletten oder sogar besondere »Migränemittel« verschrieben. Das Problem dabei ist allerdings, daß all diese Medikamente Nebenwirkungen haben und bei längerer Einnahme oft sogar genau die Symptome hervorrufen, gegen die man sie einnimmt. Und was dann?

Zum einen können Sie auf Hausmittel ausweichen, die überall auf der Welt angewendet werden. Bewährt hat sich starker Kaffee. Tee tut leider nicht die gleichen Dienste, selbst wenn er stark getrunken wird. Dagegen baut ein halber Teelöffel voll Salz, den man auf der Zunge zergehen läßt, die Migräne bisweilen schnell ab. Wirksam sind außerdem oft Baldriantropfen, die Sie in jeder Apotheke rezeptfrei kaufen können. 30 Tropfen in ein wenig Wasser oder auf Zucker getröpfelt reichen aus.

## Akupressur bei Migräne

Aber die guten alten Hausmittel in Ehren – sie können, müssen aber nicht helfen. Dagegen wurden mit der Akupressur schon beachtliche Heilerfolge erzielt:

Bei einem akuten Migräneanfall …

### *Kopfmassage*

- Pressen Sie eine Handfläche mehrmals kräftig auf die schmerzende Region.
- Klopfen Sie anschließend zwei Minuten lang sanft mit dem Zeige- oder Mittelfinger auf Ihren Mittelscheitel, und zwar in die Richtung, in die der Schmerz zieht. Beklopfen Sie dann mit allen vier Fingerkuppen auf beiden Seiten des Kopfes eine Linie zwischen den äußeren Au-

genwinkeln und dem oberen Rand der Ohren. Tun Sie dies ebenfalls ganz sanft und auch etwa zwei Minuten lang.

- Wiederholen Sie die gesamte Behandlung alle 30 Minuten, bis die Schmerzen verschwinden.

### *Nackenmassage*

- Massieren Sie Ihren Nacken links und rechts neben der Halswirbelsäule vom Haaransatz aus nach unten. Tun Sie dies mit kräftigem Druck und mindestens drei Minuten lang, damit sich die Muskelverspannungen lösen.

Vor oder während der Menstruation …

### *Akupressur der Ellenbogen*

- Wenn Ihre Migräneschmerzen auf der rechten Kopfseite auftreten, strecken Sie zuerst Ihren rechten Arm leicht angebeugt nach vorne. Die Handfläche zeigt dabei nach oben. (Sind die Schmerzen auf der linken Seite, beginnen Sie mit dem linken Arm.) Umfassen Sie mit der linken (rechten) Hand den Ellenbogen des ausgestreckten Armes, so daß der Zeigefinger auf dem dicken Außenknöchel liegt.
- Massieren Sie jetzt die Stelle, auf der Ihr Ringfinger liegt (Abb. 2), zehn Sekunden lang so fest wie möglich mit einer kreisenden Bewegung. Dabei spielt es keine Rolle, welchen Finger Sie zur Massage benutzen, wenn Sie den Punkt einmal gefunden haben. Anschließend wiederholen Sie diese Behandlung auf der anderen Seite.

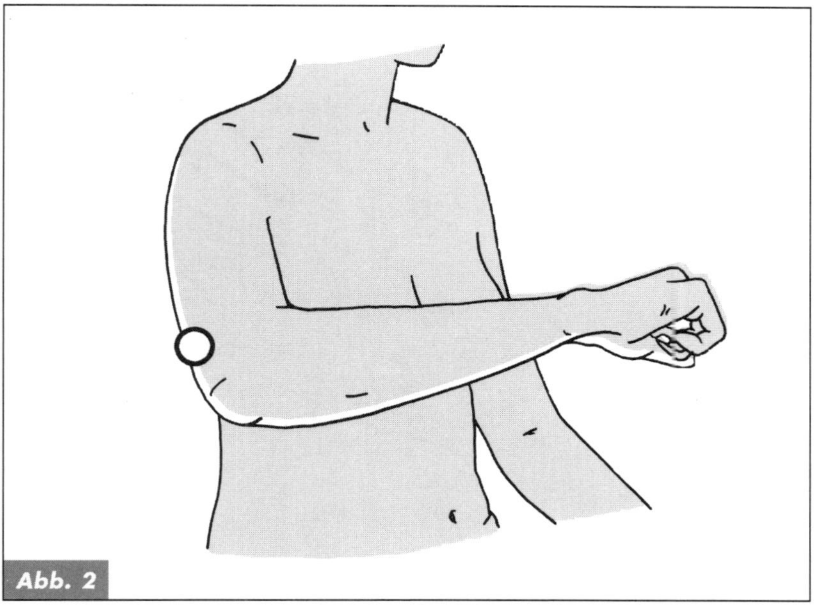

Abb. 2

- Akupressieren Sie Ihre Ellenbogen an jedem »kritischen Tag« fünfmal – und zwar immer zuerst die Seite, auf der die Migräneschmerzen auftreten, und danach die andere.

Zur Vorbeugung gegen Migräne …

### *Akupressur der Hände*

- Wenn Sie öfters unter Migräne leiden und spüren, daß sich wieder einmal eine Attacke ankündigt, sollten Sie sofort Ihre Hände behandeln:
- Greifen Sie mit dem Daumen und dem Zeigefinger der linken Hand in den muskulären Bereich zwischen Daumen und Zeigefinger der rechten Hand. Ihr linker Dau-

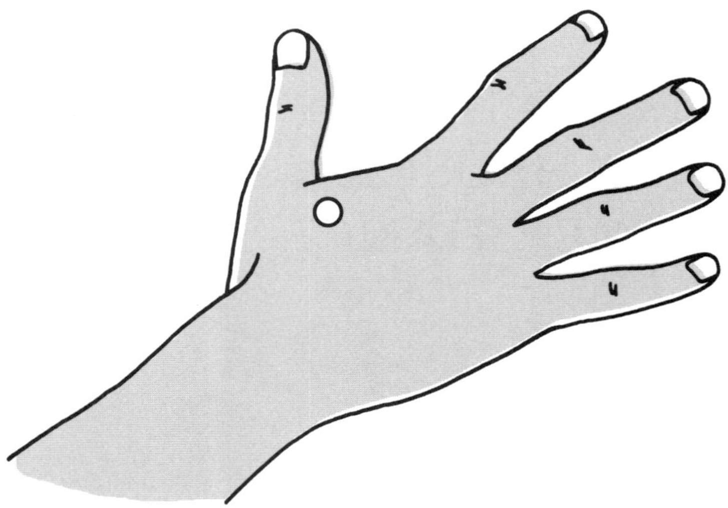

Abb. 3

men kommt dabei von oben, Ihr Zeigefinger von unten. Tasten Sie mit Ihrem Daumen weiter in Richtung Handgelenk, bis Sie fast bei den Knochen der Hand angelangt sind und eine druckempfindliche Stelle gefunden haben (Abb. 3). Üben Sie an dieser Stelle zehnmal kräftigen Druck mit Ihrem Daumen aus. Behandeln Sie anschließend Ihre linke Hand auf dieselbe Weise.

- Diese Akupressur sollten Sie morgens, mittags und abends zur Vorbeugung durchführen – also auch dann, wenn es Ihnen gut geht.

# GEBEN SIE DEM HEUSCHNUPFEN KEINE CHANCE

Zu bestimmten Zeiten des Jahres werden Millionen von Menschen von den Pollen in Panik versetzt. Sie reagieren auf fremdes Eiweiß und andere Reizstoffe überempfindlich – »allergisch«, wie die Mediziner sagen. Ihr Körper produziert mehr Abwehrstoffe, sogenannte Antikörper, als benötigt werden.

Warum das bei den einen so ist, bei anderen nicht, ist bis heute unbekannt. Zweifellos ist bei vielen Menschen, die auf artfremde Substanzen überempfindlich reagieren, eine ererbte Veranlagung vorhanden. Doch gibt es zahllose Fälle, in denen es erst nach Jahrzehnten zu allergischen Reaktionen kommt, obwohl die gleichen Stoffe jahrelang vom Körper toleriert wurden.

Für die Pollenallergiker gehören weder Frühling noch Sommer zur schönsten Jahreszeit, weil sie dann von allergenen »Flugobjekten« attackiert werden. Ganz plötzlich ist der Heuschnupfen da, das Immunsystem spielt verrückt, und die Betroffenen möchten sich am liebsten in ein dunkles Zimmer zurückziehen. Tränende Augen, eine geschwollene und triefende Nase und nicht enden wollende Niesanfälle machen ihnen so zu schaffen, daß es bei einigen Menschen sogar zu Weinkrämpfen oder schweren Depressionen kommt. Erfahrene Allergie-Spezialisten formulieren das so: »Die Seele niest mit.«

Charakteristisch für alle Pollenallergiker ist, daß sie fast zur gleichen Zeit erkranken, und zwar mit Einsetzen der Blütezeit solcher Pflanzen, gegen deren Pollen sie empfindlich reagieren. Das sind in der ersten Phase des Frühjahrs (Februar bis April) vor allem Sträucher und Bäume (Birke, Esche, Haselnuß, Ulme und Erle), von Mai bis Juli überwiegend Gräser und Getreide, im August und September Beifuß und andere Korbblütler, im Oktober schließlich Pilze. Fast alle der für den Heuschnupfen verantwortlichen Pflanzengattungen sind Windblütler, die gewaltige Pollenmengen erzeugen.

## Wie Sie die Pollenbelastung reduzieren können

Kann man sich gegen die Attacken wehren? Kaum, weil die Pollen mit dem Wind über weite Entfernungen transportiert werden. Die folgenden Tips können Ihnen jedoch helfen, die Pollenbelastung in Grenzen zu halten:

- Begeben Sie sich während der Blütezeit nicht in die Nähe von Wiesen und Getreidefeldern.
- Spülen Sie Ihr Haar abends vor dem Schlafengehen aus, weil sich tagsüber viele Pollen im Haar einnisten.
- Wenn die Lüftung Ihres Autos nicht mit einem speziellen Pollenfilter ausgestattet ist, sollten Sie die Frischluftversorgung ausschalten.
- Langer Regen verhindert zuverlässig den Pollenflug, daher sollten Sie tunlichst nach einem ergiebigen Regen spazierengehen. Machen Sie sich aber nicht schon unmittelbar nach dem Einsetzen des Regens auf den Weg,

weil die Pollen noch etwa eine Stunde nach unten gedrückt werden, so daß die Belastung während dieser Zeit besonders hoch sein kann.

- Mit aufgehender und sinkender Sonne kommt es zur Erwärmung beziehungsweise Abkühlung der Luft. Durch diese Temperaturschwankungen ist die Pollenbelastung in den Morgenstunden zwischen fünf und neun und abends zwischen 19 und 22 Uhr besonders hoch. Daher sollten Sie während dieser Zeit alle Fenster geschlossen halten.

## Akupressur bei Heuschnupfen

Wenn Sie der Heuschnupfen bereits erwischt hat ist es freilich zu spät für die oben genannten Maßnahmen Jetzt können Sie sich natürlich vom Arzt eine Kortisonspritze oder andere stark wirkende Medikamente verpassen lassen, doch die haben oft unangenehme Nebenwirkungen. Akupressur kann Ihre Beschwerden schnell und ohne unangenehme Begleiterscheinungen lindern. Je nachdem, in welchem Stadium sich Ihr Heuschnupfen befindet, gibt es unterschiedliche Behandlungsmöglichkeiten.

Zu Beginn der Beschwerden...

### *Akupressur der Nase*

- Akupressieren Sie zwei Punkte auf der Nase, und zwar genau dort, wo bei Brillenträgern die Stützen des Brillengestells aufliegen, mit beiden Zeigefingern gleichzeitig in Richtung Stirn. Tun Sie dies so energisch, daß es richtig weh tut. Eine Minute lang genügt.

- Legen Sie Ihre Zeigefinger danach unter die Nasenlöcher, und akupressieren Sie diese Region ganz behutsam, indem Sie sie vorsichtig mit den Fingerkuppen beklopfen; ebenfalls eine Minute lang.
- Wenn Sie beide Behandlungen mindestens dreimal am Tag durchführen, wird Ihre Nase bald nicht mehr triefen, die Augen schwellen ab, und auch das dumpfe Gefühl im Kopf läßt nach.

Bei stark geschwollener Nase …

## *Akupressur des Kopfes*

- Ist Ihre Nasenschleimhaut bereits kräftig angeschwollen, sollten Sie zusätzlich zu der zuvor beschriebenen Behandlung zwei Akupressurpunkte an den Seiten des Kopfes akupressieren.
- Dort, wo bei den Männern die Koteletten beginnen, befindet sich ein etwas hervorstehender Knochen, das Jochbein. Massieren Sie diesen Bereich knapp unter- und oberhalb des Knochens gleichzeitig auf beiden Seiten mit kreisförmigen Bewegungen, und zwar nur zehn Sekunden lang, aber mit sehr kräftigem Druck (Abb. 4).
- Akupressieren Sie mindestens dreimal täglich.

Schnelle Hilfe in unangenehmen Situationen …

Leider meldet sich der Heuschnupfen mit all seinen Begleiterscheinungen auch oftmals dann, wenn es gerade sehr

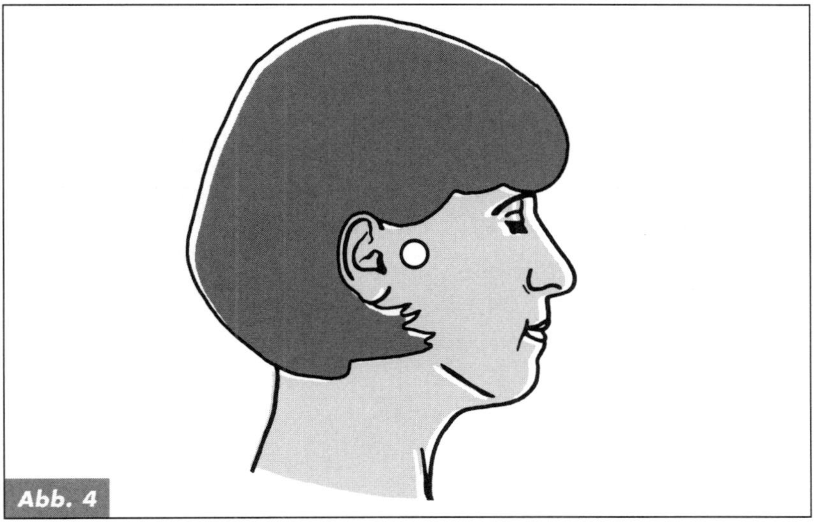
Abb. 4

unpassend ist. Bei einer geschäftlichen Verhandlung zum Beispiel oder im Theater. Das ist aber kein Grund zur Panik, denn Sie können das Schniefen und Niesen unauffällig an den Händen »ausknipsen«.

## *Akupressur der Hand*

- Legen Sie Ihre rechte Hand auf die Innenfläche Ihrer linken Hand, so daß der rechte Daumen zwei Fingerbreit unter dem Grundgelenk des Zeigefingers liegt. Die Finger der rechten Hand liegen dabei auf dem Handrücken der linken Hand. Rücken Sie mit Ihrem Daumen dann noch einen halben Fingerbreit zum linken Daumen hin, und massieren Sie diese Stelle drei Minuten lang mit kräftigem Druck in Richtung Handgelenk (Abb. 5). Behandeln Sie danach die rechte Hand auf dieselbe Weise.

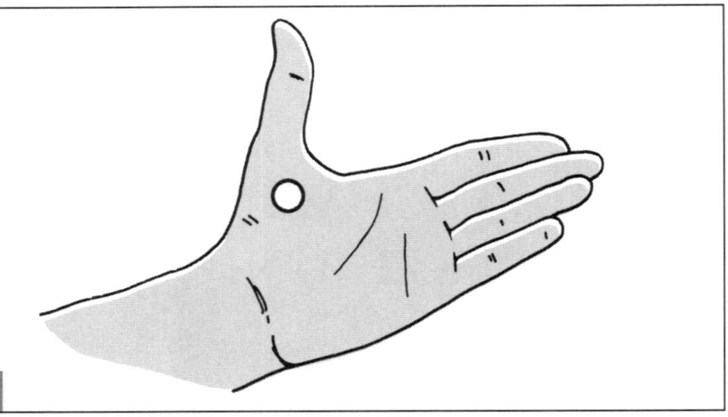

Abb. 5

- Diese »geheime« Akupressur wirkt nur, wenn sie mindestens dreimal täglich durchgeführt wird.

Zur Vorbeugung …

### *Akupressur der Augenbrauen*

- Legen Sie einen Daumen in Höhe der Augenbrauen auf die Nasenwurzel, und massieren Sie diese Stelle fünf Minuten lang mit kräftigem Druck nach unten.
- Legen Sie anschließend die Zeigefinger auf die inneren Enden Ihrer Augenbrauen, und akupressieren Sie diese Punkte gleichzeitig fünf Minuten lang nicht zu energisch mit Druckrichtung nach oben.
- Führen Sie diese Behandlung fünfmal täglich durch.

Zugegeben, für diese Behandlung brauchen Sie zehn Minuten, und weil Sie sie fünfmal täglich durchführen sollen, nimmt sie fast eine Stunde in Anspruch. Aber was ist das schon, wenn Ihnen der Heuschnupfen dafür nahezu oder völlig erspart bleibt?

# AKNE – SO VERSCHWINDEN DIE PICKEL UND PUSTELN

Mehr als drei Millionen Deutsche zwischen 13 und 30 Jahren fühlen sich nicht wohl in ihrer Haut. Ihr Gesicht ist mit Pickeln und Pusteln übersät – sie haben Akne. Etwa jeder fünfte junge Mensch wird von diesem Leiden geplagt.

Die Akne ist nicht nur eine Erkrankung der Haut, sondern eine auf komplexen inneren Vorgängen beruhende Störung. Sie ist sozusagen ein chemischer Aufruhr des Organismus und eine so weit verbreitete Begleiterscheinung der Entwicklungsjahre, daß kaum jemand gänzlich davon verschont bleibt.

Bisher kamen die Forscher der Akne nicht so richtig auf die Schliche, aber man nimmt an, daß für die Entstehung der Akne die vermehrte Bildung des Hormons Testosteron während der Pubertät eine wichtige Rolle spielt. Der zeitweilige Hormonüberschuß verursacht eine Überproduktion der winzigen, unterhalb der Haarfollikel befindlichen Talgdrüsen – vor allem im Gesicht und in der Brust- sowie Rückenregion.

Der überschüssige Talg, gemischt mit den Überbleibseln abgestorbener Zellen, trocknet an der Hautoberfläche, verstopft die Poren und bildet die sogenannten Mitesser, welche die ersten unauffälligen Anzeichen für das Entstehen des roten Akneausschlags sind. Unterhalb der Mitesser dringt der Talg weiter in die bereits verstopften Haarfollikel vor. Körpereigene Chemikalien, die nicht mehr durch die Poren ausgeschieden werden können, reizen die bereits erweiterten Follikelwände. An sich ganz harmlose Hautbakterien, die in den verklebten Follikeln eingeschlossen sind, schaffen Infektionsherde.

Das Ergebnis ist, daß Pickel, Pusteln und kleine Geschwüre aus der Haut hervorbrechen. Bei jungen Menschen, deren Talgdrüsen besonders empfindlich sind, kommt es zum hartnäckigen, entstellenden Ausschlag.

## Was man gegen Akne tun kann

### *Gründliche Reinigung*

Der erste Schritt zur Bekämpfung der Akne ist eine systematische, gründliche Reinigung der befallenen Regionen. Eine rasche morgendliche Katzenwäsche reicht auf keinen Fall! Die Haut muß mehrmals täglich mit einem mit heißem Wasser getränkten Frottierwaschlappen abgerieben und anschließend mit einer milden Reinigungsmilch gewaschen werden. Verwenden Sie kein Gesichtswasser, keine Creme oder Lotion, die der Arzt nicht genehmigt hat! Es werden nämlich in Drogeriemärkten und Apotheken auch Präparate angeboten, die unwirksam sind oder gar die Hautreizung verschlimmern.

Werden die Waschungen systematisch gemacht, weichen die Mitesser auf, der überschüssige Talg wird entfernt, und die Poren werden wieder frei.

## *Sorgfältige Pickelentfernung*

Was man tunlichst unterlassen sollte ist das Ausdrücken oder gar Aufstechen der Pickel oder Mitesser im stillen Kämmerlein vor dem Spiegel! Dabei besteht nämlich die Gefahr, daß bereits beschädigte Haarfollikel gänzlich zerstört werden. Überlassen Sie derartige Eingriffe deshalb lieber dem Arzt oder einer geschulten Kosmetikerin.

Wenn Sie jedoch trotzdem selbst etwas tun wollen, müssen Sie sehr behutsam agieren: Legen Sie zunächst heiße Kompressen auf. Nach drei bis fünf Minuten können Sie die Pickel mit einem Komedonenquetscher vorsichtig(!) ausdrücken. Lassen Sie aber die Finger von kleinen Hautverletzungen oder Krusten. Wenn Sie diese wegkratzen, kann sich die Heilung um mehrere Wochen verlängern. Außerdem dürfte Ihre »Eigeninitiative« Narben zur Folge haben.

## *Hormonbehandlung*

Die dritte Möglichkeit gegen Akne eignet sich nur für Frauen: die Antibabypille. Nicht jedes Präparat schafft Abhilfe, einige Pillen enthalten jedoch eine Hormonart, die Akne bessern kann. Allerdings stellen sich die Erfolge erst nach drei bis sechs Einnahmezyklen ein, und außerdem sind die Nebenwirkungen solcher Präparate zu bedenken.

# Chronische Akne

Meist verschwindet die Akne nach der Pubertät auch ohne »Pille«. Wenn der Hormonhaushalt wieder ausgeglichen ist, normalisiert sich die Talgproduktion, und es bilden sich keine Pickel mehr.

Gelegentlich wird die Akne jedoch auch chronisch, weil ihre Erreger bösartig sind. Diese Erreger sind jene normalerweise harmlosen Bakterien, die unsichtbar und ohne viel Schaden anzurichten in der Haut jedes Menschen leben. Es scheint, daß diese Bakterien die Gefangenschaft in den von Talg verstopften Poren, die der Akne den Boden bereiten, nicht vertragen. Sie werden dann bösartig und fallen über die Haarfollikel her, die durch überreichliche Talgzufuhr geschädigt oder durch den Genuß gewisser Nahrungsmittel gereizt oder durch Quetschung zerstört sind. So können die an sich unschädlichen Bakterien eitrige entzündliche Akneausschläge verursachen.

Mit der äußerlichen Vitamin-A-Säure-Behandlung allein ist diesen Bakterien nicht beizukommen; es muß auch etwas »von innen« gegen die eitrigen Entzündungsherde unternommen werden. Daher verordnen Ärzte in solchen Fällen meist zusätzlich das Antibiotikum »Tetrazyklin«, das für die Aufrechterhaltung einer wirksamen antibiotischen Konzentration im Blut sorgt. Schwangere dürfen dieses Medikament allerdings nicht einnehmen, und auch ansonsten ist natürlich zu bedenken, daß eine dauerhafte Einnahme von Antibiotika nicht gerade gesundheitsfördernd ist.

# Akupressur gegen Akne

Die Akne ist kein »modernes« Leiden; schon im alten China machte sie so manchen Menschen zu schaffen, und so entwickelten die Alten Chinesen vor rund viertausend Jahren eine Akupressur-Methode gegen Akne. Heute kann sie eine medikamentöse Behandlung unterstützen oder gar ersetzen.

## *Akupressur der Hände*

- Greifen Sie mit dem Daumen und dem Zeigefinger der linken Hand in den muskulären Bereich zwischen Daumen und Zeigefinger der rechten Hand. Ihr linker Daumen kommt dabei von oben, Ihr Zeigefinger von unten. Tasten Sie mit Ihrem Daumen weiter in Richtung Handgelenk, bis Sie fast bei den Knochen der Hand angelangt sind und eine druckempfindliche Stelle gefunden haben (s. S. 30, Abb. 3). Üben Sie an dieser Stelle zehnmal kräftigen Druck mit Ihrem Daumen aus. Behandeln Sie anschließend Ihre linke Hand auf dieselbe Weise.
- Führen Sie diese Akupressur dreimal täglich durch.

## *Partnermassage des Rückens*

- Für diese Behandlung brauchen Sie einen Partner, der Punkte auf Ihrem Rücken akupressiert, während Sie auf dem Bauch liegen.
- Die Punkte, die behandelt werden müssen, befinden sich in der Höhe des Dornfortsatzes des dritten Brustwirbels.

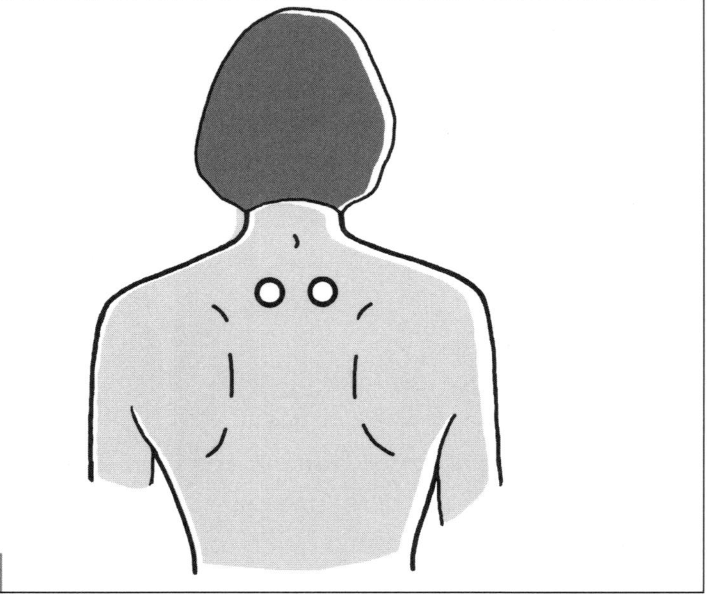

Abb. 6

(In der Regel ragt der Dornfortsatz des siebten Halswirbels etwas weiter nach außen als die anderen Wirbel. Von diesem Punkt aus tastet man sich drei Wirbel weiter nach unten bis zum dritten Brustwirbel.) Hat Ihr Partner diesen Punkt gefunden, muß er mit seinen Daumen jeweils etwa zwei Fingerbreit nach links bzw. rechts neben die Wirbelsäule rücken (Abb. 6) und diese Stellen drei bis fünf Minuten lang mit mittlerem Fingerdruck in Richtung Po massieren.

- Gönnen Sie sich diese »Partnermassage« morgens und abends – doch nie mit leerem oder übervollem Magen!

# WIE SIE IHREM MUND GUTES TUN KÖNNEN

Der Mund – nichts im Gesicht signalisiert die Sinnlichkeit deutlicher als er. Schöne Augen wirken nur so verlockend wie der Blick, den sie aussenden. Ein wohlgestalteter Mund aber spricht für sich – kein Wunder, daß er im Zentrum der Bemühungen der Kosmetikindustrie steht. Denn was macht den Mund noch schöner? Der Lippenstift!

Schon der griechische Gott Paris fiel darauf herein, als die schöne Helena ihren Mund mit Lippenrouge bemalte – hergestellt aus zermahlenem Terrakotta und Öl. Später behalfen sich die Frauen mit Mixturen aus Honig oder Wachssalben mit Rosenextrakten, aber dieses Gemisch färbte die Lippen nur schwach. 1880 wurde das erste »richtige« Lippenrouge hergestellt – die »Pomade aus Trauben«. Deswegen wird der Lippenstiftkörper in Frankreich noch heute »Raisin« (Traube) genannt. Aber erst die Verwendung neuer Rohstoffe und Technologien brachte Ende der fünfziger Jahre cremige Lippenstifte mit großer Haftfestigkeit auf den Markt, wenngleich das Prädikat »kußecht« nach wie vor zu Unrecht vergeben wird.

Wie sollen nun die Lippen geschminkt werden? Hier gilt – gestern wie heute: Je auffallender die Farbe, desto gewissenhafter muß sie aufgetragen werden. Außerdem sollte bei kräftigen Lippenstifttönen die Farbe der Zähne berücksichtigt werden. Wer ein blendendweißes Fernsehansagerinnengebiß besitzt, muß sich darum nicht sorgen. Es gibt aber Zähne, die trotz sorgfältiger Pflege einen mehr oder weniger dunklen Gelbstich haben. Hier sollte auf alle gelblich-roten oder bräunlichen Lippenstiftfarben verzichtet werden, weil sie die Zähne noch matter erscheinen lassen. Besser wirken bläulich-rote, nicht allzu dunkle Farben.

## Fältchen um den Mund

Doch was hilft das Schminken, wenn der Mund von Fältchen umrahmt wird? »Es gibt zwei Arten von Falten: gute und böse«, hat die Königin der Kosmetik, Elizabeth Arden, einmal gesagt. »Die guten kommen vom Fröhlichsein, die bösen vom Kummer.«

Tatsächlich verrät der Mund jedes einzelnen eine Menge über sein Seelenleben. Herabhängende Mundwinkel signalisieren Traurigkeit und Unzufriedenheit, aber auch innere Spannungen lassen sich nicht übertünchen. Sie übertragen sich auf den Mund und sorgen für eine Verkrampfung des Ringmuskels. Diese andauernde Belastung des Muskels führt langfristig unweigerlich zu senkrechten Fältchen über den Oberlippen.

## Akupressur gegen Fältchen um den Mund

Lassen sich solche senkrechten Fältchen glätten? Wenn sie nicht zu tief sind, ist es mit Hilfe einer speziellen Akupressur möglich.

### *Die Lippen aufeinander pressen*

- Pressen Sie Ihre Lippen (nicht die Zähne!) fest aufeinander. Schließen Sie nicht etwa nur den Mund, sondern pressen Sie wirklich, so fest es geht! Halten Sie die Spannung etwa zwei Minuten, und dann lassen Sie wieder locker.
- Wenn Sie diese Übung regelmäßig mindestens fünfmal täglich durchführen, werden Ihre Lippen bald »aufblühen« und ganz voll und warm werden.

Die beste Vorbeugung gegen Fältchen aber ist alles, worüber man lachen oder zumindest lächeln kann. Tip: Schenken Sie sich immer ein nettes Lächeln, sobald Sie in den Spiegel schauen! Das baut den Streß ab, sorgt für innere Harmonie, vermittelt eine positive Ausstrahlung – und beugt der Fältchenbildung vor.

## Mundschleimhautentzündung

Eine relativ häufige Erkrankung der Mundhöhle ist die Entzündung der Mundschleimhaut. Bei dieser Krankheit schwillt die Schleimhaut an, ist gerötet und neigt zu Blutungen. Das Essen und Trinken wird zur Tortur, mitunter gibt es sogar Schwierigkeiten beim Sprechen.

Bei der einfachen Schleimhautentzündung ist die Schuld meist bei einer Zahnfleischentzündung zu suchen, die aufgrund mangelnder Mundpflege entstanden ist und sich auf die Mundschleimhaut ausdehnt. Kommt es dagegen zu Ausschlag und Geschwüren auf den Lippen, ist dies meist ein Begleitsymptom einer schweren fieberhaften Erkrankung.

Bei einer Mundschleimhautentzündung ist meist ärztliche Hilfe notwendig. Der Heilungsprozeß kann aber mit Akupressur unterstützt werden.

## Akupressur gegen Mundschleimhautentzündung

### *Akupressur der Hände und des Kinns*

- Greifen Sie mit dem Daumen und dem Zeigefinger der linken Hand in den muskulären Bereich zwischen Daumen und Zeigefinger der rechten Hand. Ihr linker Daumen kommt dabei von oben, Ihr Zeigefinger von unten. Tasten Sie mit Ihrem Daumen weiter in Richtung Handgelenk, bis Sie fast bei den Knochen der Hand angelangt sind und eine druckempfindliche Stelle gefunden haben. Üben Sie an dieser Stelle zehnmal kräftigen Druck mit Ihrem Daumen aus. Behandeln Sie anschließend Ihre linke Hand auf dieselbe Weise (siehe S. 30, Abb. 3).
- Legen Sie danach einen Zeigefinger in die Mitte zwischen Unterlippe und Kinn und akupressieren diese Region zwei Minuten lang mit Druck in Richtung Mund.
- Diese Behandlung sollten Sie mindestens dreimal täglich durchführen.

### *Ohr-Akupressur*

- Beginnen Sie mit dem rechten Ohr und legen einen Finger an jene Stelle der Ohrleiste, an der das Ohrläppchen

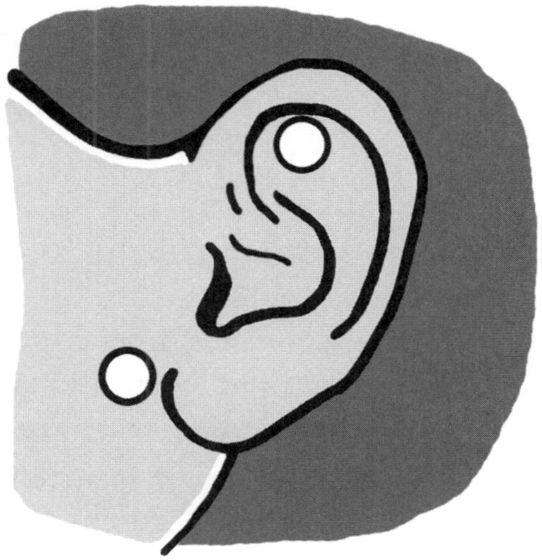

Abb. 7

angewachsen ist. Diesen Punkt massieren Sie zwei Minuten nach hinten-oben.

- Anschließend akupressieren Sie zwei Minuten lang die Ohrleisten-Region, die sich über dem Gehörgang aus der Ohrmulde erhebt, nach vorne-oben (Abb. 7).
- Wiederholen Sie diese Behandlung am linken Ohr, massieren Sie das Ohrläppchen aber jetzt nach vorne-unten und die obere Ohrleisten-Region nach hinten-unten.
- Führen Sie diese Behandlung dreimal täglich erst am rechten, dann am linken Ohr durch.
- Die Hand- und Kinn-Akupressur sollte tageweise mit der Ohr-Akupressur abgewechselt werden. Doch wie bereits gesagt: Sie ist in beiden Fällen eine zusätzliche Behandlung und soll die Maßnahmen des Arztes unterstützen.

# WENN MUNDGERUCH DER SCHÖNHEIT SCHADET

Immer wieder gibt es Situationen, in denen man sich sehr nahe kommen möchte, doch mitunter scheitert das »Sich-näher-Kommen« daran, daß man sich im wahrsten Sinne des Wortes nicht riechen kann. Öfter als man denkt, ist schlechter Atem schuld daran. Dieser macht sich nicht nur beim Küssen bemerkbar, sondern auch beim persönlichen Gespräch. Wer hat es schon gerne, wenn ihm eine unangenehm riechende Wolke ins Gesicht geblasen wird?

Mundgeruch ist keineswegs ausschließlich ein Problem der Zähne, wie meist angenommen wird. Zwar können mangelhafte Mund- und Zahnpflege zu einem unangenehmen Geruch führen, wenn Speisereste im Mund verfaulen und die Atemluft verpesten. Diese Ursache des Mundgeruchs wird jedoch heute dank moderner Pflegemittel und einer zunehmenden Disziplin bei der Mundhygiene immer seltener.

Neben faulenden Speiseresten, Zahnerkrankungen und Zahnfäule können jedoch noch eine ganze Reihe anderer Störungen zum unangenehmen Geruch führen. Dazu gehören unter anderem das Aufstoßen oder Magenerkrankungen ebenso wie Mandelentzündungen, Mundschleimhaut- oder Zahnfleischentzündungen, Entzündungen der Speiseröhre oder des Kehlkopfes oder eine Erweiterung der

Speiseröhre, die den Geruch aus dem Magen aufsteigen läßt.

Außerdem gibt es Menschen, bei denen Mundgeruch auftritt, obwohl keine Erkrankung vorliegt. Aber auch das ist kein Grund zur Panik, denn bei der Bekämpfung des schlechten Mundgeruchs haben sich eine Reihe von Abwehrmaßnahmen bestens bewährt.

## Zahnpflege und Ernährung

Zunächst einmal sollten Sie Ihre Zähne, das Zahnfleisch und auch die Mundschleimhaut stets gründlich reinigen und pflegen. Selbstverständlich gehört dazu das regelmäßige Zähneputzen – zumindest morgens und abends, am besten aber nach jeder Mahlzeit. Besonders bewährt haben sich chlorophyllhaltige Mundpflegepräparate, egal ob es Zahnpasten oder Mundwässer sind. Verwenden Sie auch Zahnseide, da Sie damit besser in die Zahnzwischenräume kommen.

Wichtig ist auch, daß Sie sich regelmäßig eine Zahnfleischmassage gönnen. Dafür können Sie einen Wattebausch mit Myrrhentinktur tränken und damit das Zahnfleisch kräftig massieren.

Tagsüber können Sie zum Beispiel Dillsamen kauen, um den üblen Mundgeruch zu vertreiben. Auch Wacholderbeeren haben sich bewährt. In Apotheken erhalten Sie außerdem Lutschpastillen, die den Atem mit einer Kombination von Pfefferminze und Kardamom ebenfalls mehrere Stunden frisch halten.

Ein sehr wirksames Mittel gegen Mundgeruch ist Chlorophyll, und zwar nicht nur in Form von Zahnpasta oder

Mundwasser. Sie können es nämlich auch essen, da es in allen grünen Salaten und Gemüsen vorkommt. Nehmen Sie viel frischen Salat und frische Kräuter zu sich. Petersilie ist zum Beispiel ein bekanntes Kraut gegen jede Form von Mundgeruch. Ihre Wirkung ist so stark, daß sie sogar den penetranten Knoblauchduft vertreiben kann.

## Akupressur gegen Mundgeruch

Kommt die »dicke Luft« aber aus Ihrem Magen, weil Sie andauernd »sauer aufstoßen« müssen, können Sie sich mit Hilfe der Akupressur von diesem Übel befreien. Weil das Aufstoßen eine Folge von Nervosität ist, müssen Sie zunächst zur Ruhe kommen, bevor Sie mit der Akupressur beginnen können.

Bei Magenproblemen ...

***Akupressur des Bauches***

- Legen Sie sich auf den Rücken und entspannen Sie sich. Schließen Sie die Augen, lassen Sie Ihre Gliedmaßen schwer werden und Ihren Atem frei fließen.
- Wenn Sie sich ruhig fühlen, plazieren Sie die Zeige-, Mittel- und Ringfinger beider Hände unterhalb des Brustbeins – dort, wo sich die Magengrube befindet. Üben Sie gleichzeitig mit allen Fingern Druck auf diese Stelle aus und rücken anschließend drei Fingerbreit tiefer, wo Sie wieder zwei-, dreimal drücken. Machen Sie so weiter, bis Sie kurz über dem Nabel angelangt sind (Abb. 8).

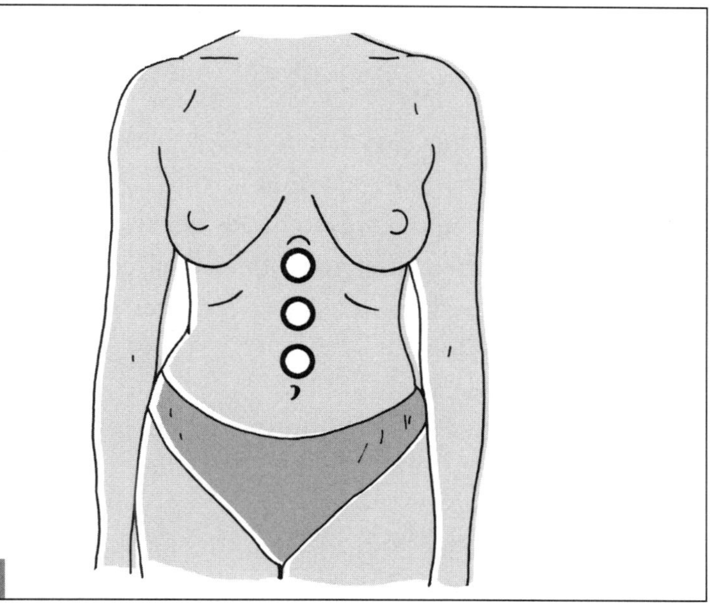
Abb. 8

- Legen Sie danach beide Hände sanft auf die Magenregion, und massieren Sie die gesamte Region mit sanftem Druck drei Minuten lang.
- Wenn Sie diese Akupressur zweimal täglich ausführen, sind Sie nicht nur das Aufstoßen, sondern auch den unangenehmen Mundgeruch bald los.

Auch eine Mandelentzündung wird meist von schlecht riechendem Atem begleitet, weshalb viele Menschen mit Mundwässern gurgeln. Die Wirkung bleibt allerdings gleich Null, weil die Mandeln nur wenig bespült und die angegriffenen Schleimhäute zusätzlich gereizt werden. Natürlich können Sie auch Tabletten nehmen, doch wenn Sie die Kosten scheuen oder auf die Chemie verzichten wollen, sollten Sie lieber die Akupressur anwenden.

Bei Mandelentzündungen …

*Akupressur von Ohren, Nase und Stirn*

- Nehmen Sie die obersten Spitzen beider Ohrmuscheln gleichzeitig zwischen Daumen und Zeigefinger, und drücken Sie zehnmal hintereinander kraftvoll zu, so daß die akupressierten Stellen hinterher ordentlich brennen.
- Beklopfen Sie dann Ihre Nasenflügel gleichzeitig mit beiden Zeigefingern mindestens fünf-, besser zehnmal leicht von oben nach unten.
- Pochen Sie anschließend mit einem Finger ebenfalls fünf- bis zehnmal sanft entlang der Stirnmitte vom Haaransatz bis zur Nasenwurzel.
- Wenn Sie die Ohr-, Nasen- und Stirnakupressur alle zwei bis drei Stunden wiederholen, werden die Mandelentzündung und Ihr schlechter Atem schnell verschwinden.

## Mundgeruch bei Rauchern

Eine besondere Form des Mundgeruchs haben viele Raucher. Wenn sie kräftig ausatmen, wenden sich ihre Gesprächspartner angewidert ab, einige ergreifen sogar die Flucht. Dabei läßt sich die Rauchfahne mit einem kräftigen Schluck Heidelbeer-Rohsaft, der eine Weile im Mund behalten werden muß, schnell eliminieren.

Besser ist es natürlich noch, wenn Sie dafür sorgen, daß es erst gar nicht zur Rauchfahne kommt, indem Sie eine Weile auf den geliebten blauen Dunst verzichten. Sie glauben, es nicht zu können? O doch, es geht! Die Akupressur wird Ihnen dabei behilflich sein:

## Akupressur gegen den Drang zu rauchen

### *Ohr-Akupressur*

- Nehmen Sie den Rand Ihres rechten Ohres oberhalb des Ohrläppchens zwischen Daumen und Zeigefinger, und massieren Sie den Ohrrand durch starkes Zusammendrücken langsam nach oben. Akupressieren Sie diesen Bereich des Ohrs insgesamt drei Minuten lang mehrmals von unten nach oben.
- Behandeln Sie danach das linke Ohr. Beklopfen Sie leicht Ihre Ohrleiste, die vom Ohrrand in Richtung Gehörgang führt, von außen nach innen. Tun Sie auch dies drei Minuten lang.
- Machen Sie diese Akupressur, sobald Sie der bewußte »Jieper« überkommt.

Sie sehen: Akupressur läßt sich einfach und unauffällig durchführen. Und tatsächlich können Sie dank dieser kleinen Behandlung einige Stunden auf die Zigarette verzichten! Sollten Sie darauf den hehren Entschluß fassen, das Rauchen völlig aufzugeben, dann fangen Sie sofort damit an! Im Kapitel »Nikotin und Alkohol« erfahren Sie, wie es geht (siehe S. 201).

# HERPES – RISKIEREN SIE KEINE DICKE LIPPE

Sie blühen im Sommer, sobald die Sonne richtig schön scheint, aber auch im Herbst und Winter, wenn Erkältungen und Fieber uns das Leben schwer machen – keine Pflanzen, sondern die Herpes-Bläschen. Fast jeder hat schon einmal die unerfreuliche Bekanntschaft mit diesen lästigen, juckenden Bläschen gemacht, denn fast 75 Prozent aller Menschen erkranken irgendwann einmal an Herpes.

Schuld daran ist das Herpes-Virus, das sehr ansteckend ist und sich schnell neue Opfer suchen kann. Glücklicherweise überstehen die meisten Menschen eine Herpes-Infektion schnell und mühelos, indem sie sofort schlagkräftige Abwehrkörper gegen die Erreger bilden. Sie bekommen die Krankheit nur ein einziges Mal und sind künftig davor gefeit, da ihre körpereigenen Abwehrkräfte die Viren in Schach halten.

Über 200 000 Bundesbürger aber sind als bedauerliche »Gastgeber« zu betrachten, bei denen sich die Herpes-Viren ein Leben lang einmieten. Wenn nämlich nach der ersten Infektion die typischen Hautbläschen – meist an den Lippen – abgeheilt sind, wandern die Herpes-Viren innerhalb der Nervenbahnen weiter bis an die nächsten größeren Nervenzellen, wo sie sich einnisten und auf ihren nächsten »Auftritt« warten.

Der Startschuß dafür fällt meist dann, wenn die körpereigene Abwehrkraft des Menschen durch irgendwelche Ereignisse sowieso schon geschwächt ist. Dann stehen die Betroffenen dieser neuen Attacke relativ machtlos gegenüber, denn bis heute hat die Medizin noch kein wirklich wirksames Mittel gegen die Bläschenkrankheit gefunden.

Auch neuere Präparate, die als Tabletten oder Salben erhältlich sind und die Wirkstoffe Acyclovir oder Inosiplex enthalten, haben nur dann eine geringe Aussicht auf Erfolg, wenn sie bereits bei den ersten Anzeichen einer erneuten Herpes-Erkrankung eingesetzt werden. Hier muß also der Patient selbst auf die ersten Warnsignale achten. Meist melden sich Herpes-Bläschen bereits ein oder zwei Tage vor ihrem Auftreten mit einem deutlichen Kribbeln, einem Kälte- oder Taubheitsgefühl an. Schon jetzt müssen die Salben aufgetragen werden, damit die Bläschen gar nicht erst entstehen. Sind sie nämlich einmal da, haben sie den Kampf gewonnen. Dann aber droht auch Gefahr für unsere Mitmenschen, denn die »Fieberbläschen« enthalten eine wäßrige, sehr ansteckende Flüssigkeit.

Trotz der juckenden und brennenden Schmerzen sollte der Betroffene nicht an den Bläschen kratzen oder sie sogar öffnen, denn dadurch können die Herpes-Viren noch auf weitere Hautbezirke verbreitet werden. Erst nach etwa vier oder fünf Tagen trocknen die Bläschen von selbst langsam ein, und die Krusten fallen schließlich nach weiteren drei bis fünf Tagen ab.

Es sollte selbstverständlich sein, daß jeder, der mit Herpes-Bläschen zu tun hat, in der Ansteckungsphase – also in der Zeit zwischen dem Auftreten und dem Eintrocknen der Bläschen – auf engen Hautkontakt mit seinem Partner verzichtet. Bei Lippen-Bläschen ist also Küssen verboten, bei

Genitalbläschen sollte man auf ungeschützten Geschlechtsverkehr verzichten.

## Naturheilkundliche Vorbeugung

Vorbeugen ist auch hier besser als Heilen. Ganz besonders darum, weil der Herpes sich von einem einmal gefundenen »Hauswirt« nur ungern trennt. Trotzdem gibt es in letzter Zeit einige erfolgversprechende Behandlungsmethoden aus dem Bereich der Naturheilkunde, die auch ohne den Einsatz von Chemiepräparaten eine Herpes-Infektion verhüten oder schneller zum Abklingen bringen. Bewährt hat sich zum Beispiel hochkonzentriertes Pfefferminzöl, das als japanisches Heilpflanzenöl oder auch Chinaöl im Handel bekannt ist. Bei den ersten Anzeichen einer beginnenden Herpes-Erkrankung – also Kribbeln oder Brennen auf der Haut – reiben Sie die entsprechenden Hautstellen mit diesem Öl ein. Das Öl wirkt nicht nur angenehm kühlend, sondern auch sehr stark desinfizierend. In vielen Fällen wird damit das Auftreten der Bläschen verhindert.

Heilend wirken auch hochdosierte Tabletten mit proteolytischen Enzymen und Thymus-Extrakt. Die proteolytischen Enzyme enttarnen die Herpes-Viren, zerstören deren Schutzhülle, so daß die durch den Thymus-Extrakt aktivierten körpereigenen Abwehrkräfte die Viren leichter zerstören können. Damit wird auch Folgeerkrankungen wirksam vorgebeugt.

Stehen die Bläschen bereits in »voller Blüte«, hilft oftmals Bienenkittharz, das als natürliches Antibiotikum zu betrachten ist. Auch Zinkpaste oder Zinkpuder können die Bläschen rascher zum Eintrocknen bringen.

# Akupressur bei Herpes

Leider kann Herpes auch mit Hilfe von Akupressur nicht geheilt werden. Doch wenn Sie zu den »Gastgebern« gehören und immer wieder mit einer neuen »Blütenpracht« rechnen müssen, können Sie den Ausbruch der Krankheit per Fingerdruck verhindern. Sie müssen nur berücksichtigen, daß Sie in folgenden Situationen besonders gern von der Bläschenkrankheit heimgesucht werden:

- Wenn Sie Fieber haben.
- Wenn Sie gestreßt sind.
- Wenn Ihre Seele sehr belastet ist.
- Wenn Ihr Hormonhaushalt durcheinander geraten ist.
- Wenn Sie sich sehr stark ekeln.

Mit Akupressur lassen sich diese Beschwerden lindern. Je nachdem, in welcher Situation die Herpes-Bläschen auftreten, müssen Sie unterschiedliche Punkte behandeln.

Bei Fieber...

### *Akupressur der Ellenbogen*

- Winkeln Sie Ihren linken Arm leicht an, und tasten Sie mit Zeige- und Mittelfinger der rechten Hand die Außenseite des Ellenbogengelenks ab. Sobald Sie zwischen der Ellenbogenspitze und dem »Musikantenknöchelchen« in eine Mulde geraten, üben Sie starken Druck auf diese Stelle aus (Abb. 9). Drücken Sie nur einmal nach unten, und schieben Sie danach die Haut unter festem Druck hin und her. Wiederholen Sie die Behandlung am rechten Arm.

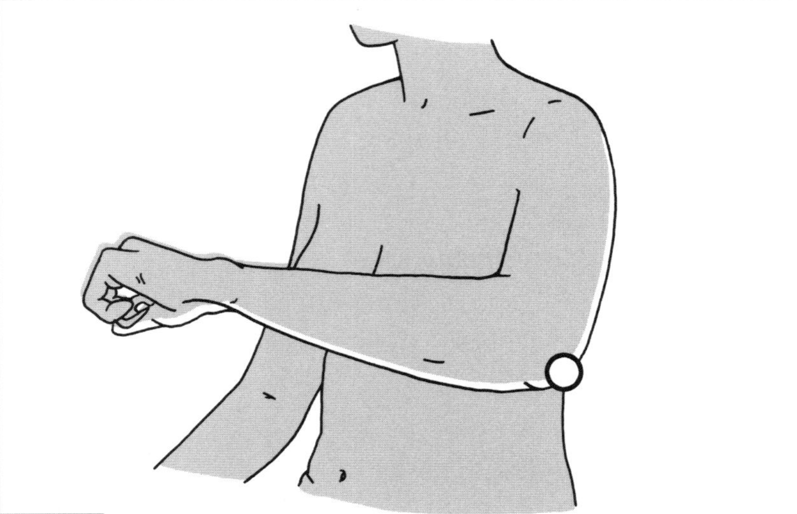

Abb. 9

- Führen Sie diese Behandlung mindestens fünfmal am Tag durch, bis das Fieber abgeklungen ist. Um zu verhindern, daß in den nächsten Tagen doch noch Herpes-Bläschen auftreten, sollten Sie die Akupressur noch einige Tage lang mindestens zweimal täglich wiederholen.

Bei Streß…

### *Akupressur der Knie*

- Setzen Sie sich auf einen Stuhl, und legen Sie Ihre Hände mit geschlossenen Fingern auf Ihre Knie. Massieren Sie gleichzeitig an beiden Beinen die beiden Punkte, die sich jeweils unter Ihren Ringfingerspitzen befinden (Abb. 10). Drücken Sie dabei nicht zu kräftig zu. Die Behandlung soll angenehm für Sie sein.

- Nach fünf bis zehn Minuten Akupressur wird Ihre Ruhelosigkeit verschwinden, und die Herpes-Bläschen bekommen keine Chance aufzublühen.

Bei Ekel…

### *Akupressur der Ohrläppchen*

- Sobald Sie vom Ekel geschüttelt werden, ergreifen Sie sofort mit Daumen und Zeigefinger Ihr rechtes Ohrläppchen und massieren es zwei Minuten lang nach oben hin.
- Behandeln Sie danach das linke Ohrläppchen, indem Sie es nach unten massieren.

Die passenden Akupressuren für seelische Belastungen und hormonelle Schwankungen finden Sie in den entsprechenden Kapiteln dieses Buches (siehe S. 166 und S. 172).

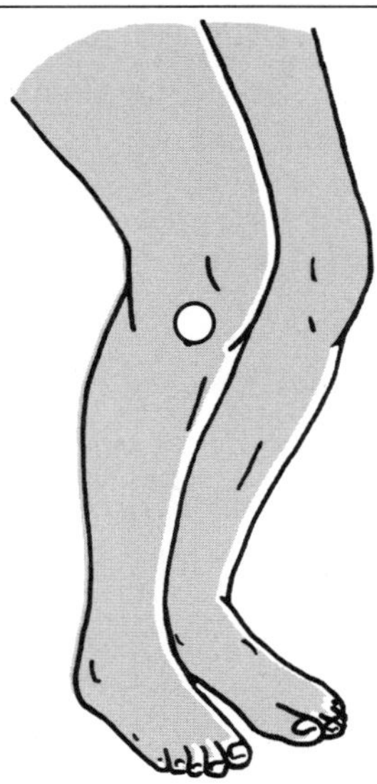

Abb. 10

# »ZAHNKLOPFEN« – SO ERHALTEN SIE EIN SCHÖNES GEBISS

Ein erwachsener Mensch besitzt 32 Zähne einschließlich der ganz hinten liegenden Weisheitszähne im Unter- und Oberkiefer. Die Zähne sind ein unerhörtes Kapital, denn ohne sie lassen sich viele liebgewonnene Lebensgenüsse nicht mehr fortsetzen. Außerdem können von kranken Zähnen schwere körperliche und seelische Krankheiten ausgehen. Zahnpflege dient somit nicht nur dazu, strahlend weiße Zähne zeigen zu können. Sie ist auch Gesundheitspflege im besten Sinne.

Ein Zahn zeigt sich nur teilweise, und das sichtbare Stück, die Zahnkrone, besteht aus Zahnschmelz, dem härtesten Stoff, den der menschliche Organismus hervorbringt. Diese Härte ist auch erforderlich, denn der Zahn soll viele Jahrzehnte beständig sein und in dieser Zeit starken Kräften und Angriffen standhalten. Der Zahnschmelz besteht zu mehr als 95 Prozent aus Mineralsalzen, davon 35 Prozent Kalk und 17 Prozent Phosphor.

Unter dem Zahnschmelz liegt ein weicheres, aber immer noch sehr hartes Material, das Zahnbein. Es ist durchzogen von mikroskopisch feinen Leitungen, die Nervenempfindungen von außen nach innen und umgekehrt vermitteln. Das Zahnbein besteht immerhin noch zu rund 70 Prozent aus Mineralsalzen. Der Teil des Zahnbeins, der unsichtbar im Kiefer verankert liegt, ist die Zahnwurzel. Ihre Außenmauern sind noch einmal von einer kräftigen Schicht umgeben, dem Wurzelzement. In dieser Masse sind Bindegewebsfasern wie Seile verankert, die dem Zahn ein bestimmtes Maß an Elastizität vermitteln, so daß er die vielerlei Beanspruchungen »federnd« abfangen kann. Diese verhältnismäßig dünne Schicht ist die Wurzelhaut.

Das untere Ende der Zahnwurzel hat eine Öffnung, das »Wurzelloch«. Durch diese Öffnung treten die blutzuführenden Gefäße aus den großen Arterien des Körpers ein, die blutabführenden Gefäße aus, und gleichzeitig ist es der Weg der Nervenäste, die mit den Hirnnerven verbunden sind. Die Höhle, in der Blutgefäße und Nervenanteile gut geschützt vom Zahnbein untergebracht sind, ist das Zahnmark oder die Pulpa. Hier ist auch der Ausgangspunkt für Zahnschmerzen.

Die Zähne sind rundum eingefaßt von Zahnfleisch, das sich aus vielerlei Gründen entzünden und zurückbilden kann. Es werden dann allmählich die Zahnhälse freigelegt, die nicht von Zahnschmelz geschützt und in aller Regel sehr schmerzempfindlich sind. Das macht sich schon bemerkbar, wenn sie mit Eis oder heißem Kaffee in Berührung kommen.

Meist dauert es dann nicht lange, bis man mit Leidensmiene auf dem Zahnarztstuhl sitzt. Lassen Sie es nicht so weit kommen, denn der Zahnarzt kann Ihren Zähnen besser helfen, wenn sie rechtzeitig behandelt werden!

## Akupressur für die Zähne

Leider erfreuen sich heute nur wenige erwachsene Menschen – und die werden bewundert! – eines strahlenden und kerngesunden Gebisses. Dabei ist es gar nicht schwer, schöne Zähne bis ins hohe Alter zu behalten, wenn man eine spezielle Akupressur-Methode aus China anwendet. Dabei werden einmal nicht die Hände oder Finger benutzt, sondern man akupressiert durch »Zahnklopfen«, und zwar werden die oberen Zähne heftig gegen die unteren geklopft.

Schon vor 1500 Jahren schrieb Ge Hong, ein Gelehrter der Jin-Dynastie: »Die Zähne werden sich niemals lockern, wenn sie jeden Morgen dreihundertmal geklopft werden.« Danach richten sich viele Menschen in China noch heute, und so gibt es dort viele alte Leute mit gesunden Zähnen.

Was passiert beim Zähneklopfen? Durch das Zusammenbeißen und die leichten Bewegungen des Unterkiefers werden die Zahnwurzeln massiert, die lokale Blutzirkulation angeregt und die Nährstoffversorgung verbessert, wodurch das Gebiß gestärkt wird. Und weil die Zähne sozusagen am Anfang des Verdauungssystems stehen, wirkt sich ein gesundes Gebiß auch positiv auf die Gesundheit des gesamten Körpers aus.

Möchten Sie auch ein schönes, langlebiges Gebiß? Mit dem »Zahnklopfen« können Sie es erreichen. Keine Angst, Sie müssen nicht jeden Morgen dreihundertmal die Zähne zusammenhämmern. Die chinesische Akupressur nennt eine maßvollere Klopfmethode, die für jeden machbar ist.

Chinesische Zahnpflege …

### *Die Zähne klopfen, das Zahnfleisch massieren, den Speichel schlucken*

- Klopfen Sie morgens nach dem Aufstehen oder abends vor dem Schlafengehen nach dem Zähneputzen je dreißigmal zuerst die Backenzähne, dann die Schneidezähne und schließlich die Eckzähne gegeneinander. Die Zähne können nicht gleichzeitig geklopft werden, weil sie sich auf verschiedenen Ebenen befinden.

- Streichen Sie dann mit der Zunge über das gesamte Zahnfleisch und über die Schleimhaut der Wangen.
- Gurgeln Sie anschließend einige Male mit dem Speichel und schlucken ihn herunter. Die traditionelle chinesische Medizin vertritt nämlich den Standpunkt, daß Speichel eine wichtige Körperflüssigkeit ist, die nicht ausgespuckt werden darf.
- Massieren Sie dann Ihr Zahnfleisch drei Minuten lang kräftig mit der Zunge, damit die Zahnfleischdurchblutung gefördert wird.
- Beißen Sie schließlich Ihre Zähne kräftig zusammen und blasen die Wangen auf, um die Speichelsekretion anzuregen. Die Spucke schlucken Sie nach und nach hinunter – und spülen Ihren Mund zum Abschluß aus.

Bei Zahnschmerzen …

Sollten Sie trotz dieser Zahnpflege einmal Zahnschmerzen bekommen, können Sie sich mit folgenden Akupressuren helfen.

### *Akupressur der Zeigefinger*

- Drücken Sie gleichzeitig mit beiden Daumennägeln gegen die Zeigefinger derselben Hand, und zwar auf einen Punkt etwa zwei Millimeter neben dem Nagelbett auf der zum Daumen hingewandten Seite (Abb. 11). Diese schmerzempfindlichen Stellen pressen Sie mindestens zwei Minuten lang – immer dann, wenn der Zahn wieder zu schmerzen beginnt.

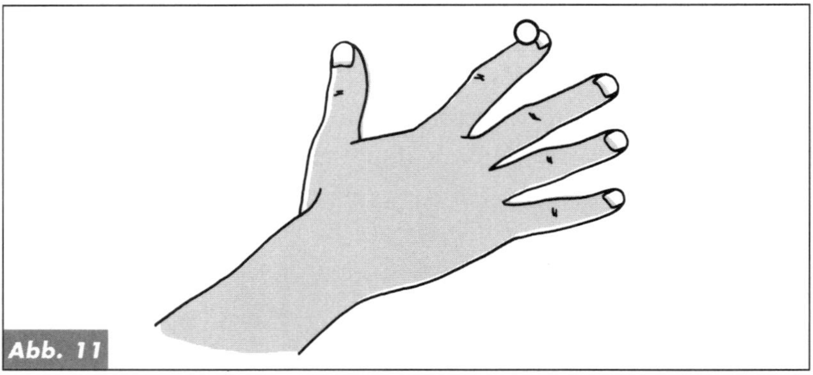
Abb. 11

- Tut er es allerdings in kurzen Intervallen, sollten Sie obengenannte Akupressur durch eine weitere Übung unterstützen:

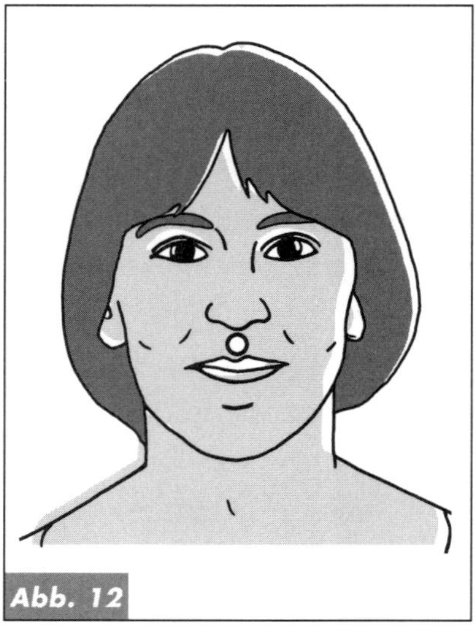
Abb. 12

### *Akupressur zwischen Nase und Oberlippe*

Drücken Sie mit dem Nagel eines Zeigefingers zehn Sekunden lang kräftig auf einen Punkt, der exakt in der Mitte zwischen Nase und Oberlippe liegt (Abb. 12). Nach einer kurzen Pause wiederholen Sie diese Behandlung. Danach müßte der Zahn eigentlich betäubt sein.

# SO LÄSST SICH EIN »ALTER« UND DICKER HALS VERMEIDEN

In Trivialromanen ist es der wunderbar geschwungene Schwanenhals der scheuen Geliebten, der den Mann in einen Sinnentaumel geraten läßt. Oder der allerliebste Blütenstiel, der die zierliche Knospe des Blumengesichts trägt. Graf Dracula vergräbt seine Vampirzähne bevorzugt in milchweiße Jungfernhälse – je kitschiger, desto mehr lachen wir darüber.

Daß Kinn und Halspartie oft schon in frühen Jahren ihre Festigkeit verlieren, liegt an der besonderen Beschaffenheit des Gewebes. Ähnlich wie rund um die Augen ist auch hier die Haut relativ fein und dünn, mit wenig Fett unterpolstert und kaum mit Talgdrüsen ausgestattet. Ein lebhaftes Mienenspiel, schlechte Haltung und eine ungünstige Schlafposition tragen größtenteils dazu bei, daß schnell Falten entstehen. Oft wird auch vor dem Sonnenbaden das Gesicht verschwenderisch eingecremt, während der zarte Hals mit den wichtigen Lichtschutzpflegemitteln eher sparsam bedacht wird. Dabei macht sich gerade an der sensiblen Halspartie eine zu starke Sonneneinstrahlung zuerst bemerkbar: Zunächst entsteht eine brennende Rötung, dann bilden sich knitterige Fältchen.

Eine frühzeitige, richtige Pflege kann jedoch dazu beitragen, daß einer Frau das Alter nicht am Hals abzulesen ist.

Dazu benötigt die empfindliche Haut neben dem Sonnenschutz regelmäßig eine harmonisch abgestimmte Fett- und Feuchtigkeitszufuhr. Reinigungscremes und -milch sind zweckmäßiger als Seifen, weil der sowieso schon leicht trockenen Haut sonst nutzlos Fett entzogen wird. Falls Sie Gesichtspflege-Kosmetika für trockene bis normale Haut benutzen, eignen sie sich auch für den Hals. Von Präparaten für eine ölige Gesichtshaut ist jedoch abzuraten, weil sie die Fettüberschüsse ausgleichen sollen und deshalb für die anfällige Haut am Hals nicht reichhaltig genug sind.

## Der Einfluß der Körperhaltung

Großen Einfluß auf einen faltenfreien Hals hat auch die Körperhaltung: Mit erhobenem Kinn und zurückgenommenen Schultern strafft sich das Gewebe zwangsläufig. Wer seinen Kopf dagegen ständig hängen läßt, lockt damit Halsringe und -furchen regelrecht herbei.

Auch einige Schlafpositionen können dem Hals so zusetzen, daß sich häßliche Furchen bilden. Immerhin verbringen wir rund acht Stunden täglich im Liegen. Die beste Schlafstellung ist die Rückenlage, wobei der Kopf auf einem flachen Kissen oder einer Nackenrolle ruht. Schädlich ist die Seitenlage, weil der Hals mehrere Stunden lang verdreht oder gequetscht wird.

## Akupressur für den Hals

Ihre tägliche kosmetische Halspflege können Sie sehr wirkungsvoll mit Akupressur unterstützen!

Gegen Fältchen und schlaffe Haut …

## *Halsmassage, Klopfen des Unterkiefers*

- Massieren Sie Ihre Haut beim Eincremen mit sanftem Druck vom Brustansatz in Richtung Kinn. Tun Sie dies mindestens zwei Minuten lang – je länger, je lieber!
- Klopfen Sie anschließend etwa zwanzigmal mit durchgestrecktem Handrücken sanft gegen den Unterkiefer.
- Führen Sie diese Behandlung täglich morgens und abends durch.

Bei nervösen roten Flecken …

## *Akupressur des Brustbeins*

- Tasten Sie genau in der Körpermitte Ihren Brustkorb ab. Dort, wo der Hals endet, beginnt das Brustbein, das nach unten zum Bauch verläuft. Der Knochen des Brustbeins endet mit dem sogenannten Schwertfortsatz. Sie erkennen ihn daran, daß sich unter Ihren suchenden Fingern kein harter Knochen, sondern nachgebendes Fleisch befindet. Von diesem Schwertfortsatz aus gehen Sie vier Fingerbreit nach oben. Exakt an dieser Stelle liegt der Punkt, den Sie mit Zeige- und Mittelfinger kräftig nach oben massieren, und zwar fünf Minuten lang (Abb. 13).
- Wenn Sie diese Akupressur zweimal täglich machen, wird sich Ihre Nervosität legen, und die »hektischen« Halsflecken ziehen sich zurück.

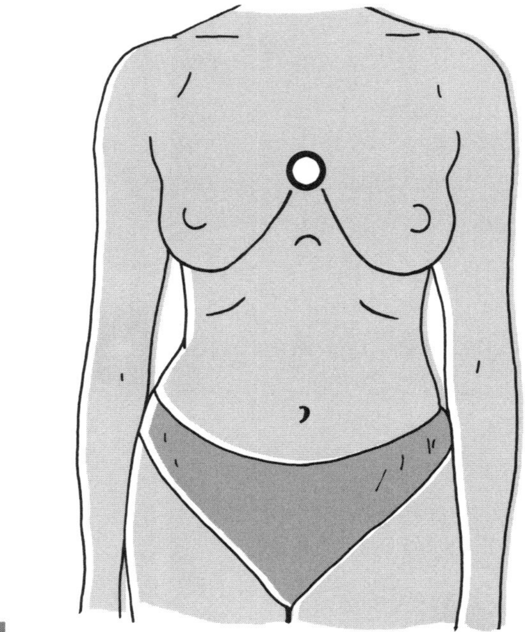

Abb. 13

## Schilddrüsenprobleme

Was aber ist, wenn der Hals dick wird? Wenn der Stoffwechsel plötzlich auf Hochtouren läuft und das Herz schneller schlägt als früher? Wenn die Haut feuchtwarm ist und keine Wärme verträgt?

Dann leidet der Betroffene wahrscheinlich unter Jodmangel, es ist zur Überfunktion der Schilddrüse gekommen, und es hat sich ein Kropf gebildet. Die Vergrößerung der Schilddrüse ist noch immer ein häufiges Leiden in Deutschland – pro Jahr werden rund 90.000 Kropfoperationen durchgeführt.

Die Krankheit ließe sich jedoch leicht vermeiden: Mindestens 1,5 Milliarden Mark könnten jährlich gespart werden, wenn die Bevölkerung ausreichend Jod zu sich nehmen würde. Der Jod-Tagesbedarf schwankt zwischen 100 (Kinder) und 200 Mikrogamm (Erwachsene), bei schwangeren und stillenden Frauen ist er noch höher.

Der Kropf wurde lange Zeit mit Hormonen behandelt. Heute verabreichen Ärzte vor allem Patienten unter 40 Jahren wieder in erster Linie Jod. Wichtig ist allerdings die rechtzeitige Behandlung, denn ist ein Kropf erst einmal knotig geworden, bildet er sich nicht mehr richtig zurück.

Frauen sind drei- bis viermal häufiger von einem Kropf betroffen als Männer, denn die Schilddrüse wächst vor allem, wenn der Körper viele Hormone benötigt: in der Pubertät, der Schwangerschaft, den Wechseljahren. Darüber hinaus gibt es ein deutliches Süd-Nord-Gefälle bei der Kropfbildung. In Süddeutschland zeigt sich die Erkrankung häufiger als in Norddeutschland, wo das Spurenelement Jod viel stärker im Boden und im Wasser vorhanden ist.

Wenn Sie einem Kropf vorbeugen wollen, sollten Sie stets mit Jodsalz kochen. Schütten Sie bei gedünstetem Fisch die Brühe nicht weg, weil darin das meiste Jod entstanden ist.

Wenn Sie die Funktion Ihrer Schilddrüse unterstützen wollen, können Sie dies mit Akupressur tun. Eines muß hier aber gesagt werden: Die nachfolgende Akupressur dient nur der Vorbeugung. Wenn Sie bereits an einer Überfunktion der Schilddrüse erkrankt sind, ist eine Selbstbehandlung zu gefährlich, und Sie müssen unbedingt einen Arzt aufsuchen.

# Akupressur zur Vorbeugung gegen Schilddrüsenerkrankungen

## *Akupressur der Finger*

- Pressen Sie mit Daumen und Zeigefinger der rechten Hand die Kuppe des linken Daumens dreimal hintereinander sehr fest zusammen, und ziehen Sie den Daumen gleichzeitig in die Länge. Behandeln Sie nacheinander alle Fingerkuppen der linken Hand auf dieselbe Weise, und wiederholen Sie die gesamte Behandlung danach an der rechten Hand.
- Diese Akupressur sollten Sie dreimal täglich durchführen.

# VOM NACKEN
# BIS ZUR TAILLE

# SO MASSIEREN SIE IHRE BRÜSTE RUND UND SCHÖN

Wenn ein Mädchen zur Frau wird, entwickeln sich die Brüste. Für die medizinische Forschung sind die weiblichen Brüste immer noch voller Rätsel. Nach der Geburt eines Kindes produzieren sie eine Milch, die genau den Bedürfnissen des Säuglings angepaßt ist. Bis heute ist es keinem Chemiker gelungen, die Milch künstlich herzustellen, und die genauen Vorgänge bei der Produktion der Muttermilch sind für die Wissenschaft noch ungeklärt.

Das einzige Rohmaterial, das als Grundstoff zur Verfügung steht, ist das Blut, und die Umwandlung von Blut in Milch ist eine ungeheure chemische Leistung. Man schätzt, daß 400 Gramm Blut durch die Brüste zirkulieren müssen, damit sich ein einziges Gramm Milch ergibt. Die Bestandteile des Blutes stimmen in keiner Weise mit denen der Milch überein. So ist die im Blut vorhandene Glukose nur ein entfernter Verwandter der Laktose in der Milch. Auch die Aminosäuren im Blut sind weit von den hochkomplexen Proteinen der Muttermilch entfernt. Das gleiche gilt für die Fettsäuren des Blutes im Vergleich mit den Milchfetten.

Auch für unser Sexualleben hat die Brust eine große Bedeutung. Nicht nur bei der Frau, auch beim Mann ist sie ein erogenes Zentrum ersten Ranges.

Natürlich ersehnt sich jede Frau eine schöne Brust, und seitdem es die kosmetische Chirurgie gibt, lassen sich diese Wünsche auch erfüllen. Das ist aber nicht billig, und außerdem bleiben unschöne Nachwirkungen oft nicht aus.

## Akupressur für schöne Brüste

Wenn Sie sich eine größere Brust wünschen, sollten Sie sich lieber für eine (unblutige) Methode entscheiden, denn von den Chinesen wurde schon vor Jahrhunderten ein Akupressur-Verfahren entwickelt, das eine kümmerlich geratene Oberweite wachsen läßt. Ebenso bewirkt diese Akupressur, daß nach der Schwangerschaft erschlaffte Brüste wieder fest und straff werden. In beiden Fällen müssen die gleichen Punkte behandelt werden.

Führen Sie die nachfolgenden Akupressuren nacheinander und mindestens dreimal täglich durch.

### *Akupressur des Brustbeins*

- Legen Sie einen Daumen oder zwei Fingerkuppen auf das Brustbein, genau in der Mitte zwischen den Brustwarzen, und akupressieren Sie diesen Punkt kurz und fest. Pressen Sie drei- bis fünfmal hintereinander. Wenn Sie den richtigen Punkt getroffen haben, ist er ziemlich schmerzempfindlich. Noch nach zwei, drei Minuten werden Sie spüren, daß auf diese Region Druck ausgeübt wurde.

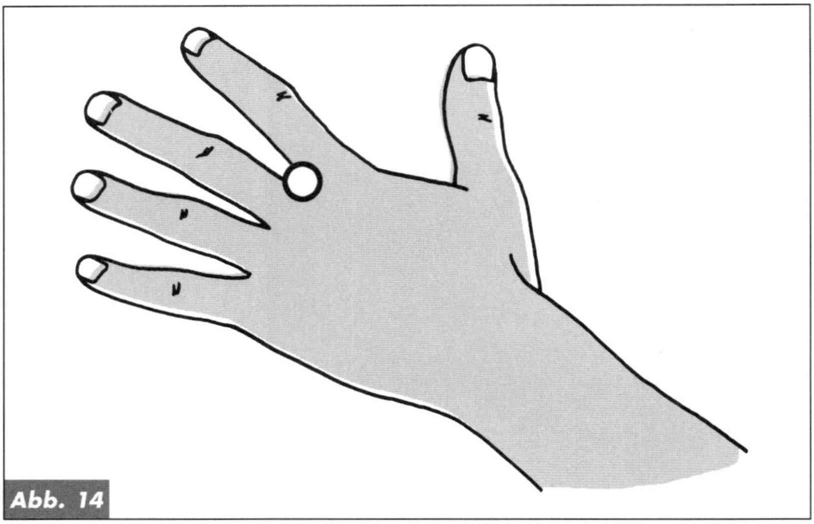
Abb. 14

*Akupressur der Hände*

- Der zweite wichtige Akupressurpunkt befindet sich in der »Schwimmhaut« zwischen Zeige- und Mittelfinger. (Abb. 14). Drücken Sie diesen Punkt mit dem Zeigefinger der jeweils anderen Hand ebenfalls kurz und fest. Machen Sie dies jeweils drei- bis fünfmal an jeder Hand.
- Und falls Sie gerade ein Kind bekommen haben: In China wird dieser Punkt auch dann akupressiert, wenn eine junge Mutter zu wenig Milch für ihr Baby produziert.

*Akupressur des Nackens*

- Als drittes suchen Sie einen Akupressurpunkt, der sich am Nacken befindet, und zwar mittig in Höhe des Haaransatzes (Abb. 15). Hier genügt ein leichtes Klopfen mit der Kuppe des Mittelfingers – zehn bis fünfzehn Sekunden lang. Lassen Sie dabei den Kopf locker nach vorne hängen, und achten Sie darauf, daß Ihre Nackenmuskulatur nicht angespannt ist.

### *Streichmassage der Brüste*

- Zum Schluß werden die Brüste selbst behandelt. Streichen Sie eine Minute lang mit beiden Händen gleichzeitig über die unteren Rundungen der Brüste; zunächst innen am Brustbein, anschließend massieren Sie im Halbkreis um die Brustwarzen herum nach außen. Auch eine Minute lang. Gehen Sie dabei behutsam mit Ihren Brüsten um – die Akupressur sollte eher einer Streichmassage gleichen.

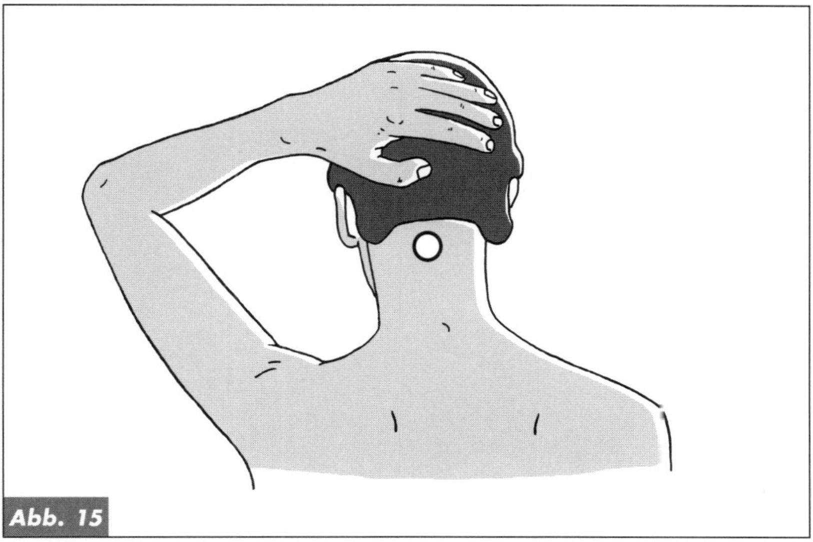

Abb. 15

### *Zusätzliche Punkte zur Vergrößerung der Brust*

- Sollte die oben beschriebene Behandlung die Brüste auch nach einigen Wochen noch nicht zum Wachstum angeregt haben, können Sie zusätzlich am Hals die Schilddrüse (siehe Seite 105) anregen. Dreimal täglich fünfzehn Sekunden lang.
- Ebenso empfehlen chinesische Akupresseure das Gebiet zwischen den Schulterblättern. Hier müssen Sie – oder besser: Ihr Partner – mit den Fingerspitzen eine halbe Minute klopfen, ganz ähnlich wie beim Klavierspielen.

# WIE EISKALTE HÄNDE WIEDER WARM WERDEN

Im Dunkel des Mutterschoßes geht ein winziger, elfenbeinfarbener Embryo in seine vierte Lebenswoche. In dem kaum fünf Zentimeter langen, eng zusammengerollten und bewegungslosen Organismus wachsen Millionen junger Zellen mit unglaublicher Geschwindigkeit heran. Zu beiden Seiten der Halsgegend sprießt eine »Knospe«, die sich rasch in drei Abschnitte gliedert. Das äußere Glied nimmt paddelähnliche Gestalt an. Am Paddelrand entstehen fünf Lappen; Muskeln, Sehnen und Nerven werden gebildet. Ungefähr im dritten Schwangerschaftsmonat führen die Miniatur-»Finger« an den kleinen Flossen schon rhythmische Bewegungen aus. Eine menschliche Hand ist entstanden.

Kein anderer Teil des Körpers ist so wichtig für das menschliche Verhalten. Mit unseren Händen arbeiten, spielen, liebkosen, heilen, lernen wir und teilen uns mit. Mit unseren Händen drücken wir Empfindungen aus, schaffen Kunstwerke, formen unsere Kultur. Hand und Gefühl hängen so eng zusammen, daß bei den meisten Völkern der Welt der Händedruck als Zeichen der Treue, Liebe und Freundschaft gilt, während die geballte Faust ebenso unmißverständlich Stärke, Aggression und Entschlossenheit ausdrückt.

Die Hand, eines der kompliziertesten Instrumente des ganzen Körpers, ist ein einzigartiges Werkzeug, das aus Muskeln, Fett, Bändern, Sehnen, Knochen und hochempfindlichen Nervenfasern besteht. Es kann mit Genauigkeit Tausende von Verrichtungen vollbringen. Schon zur einfachsten Greifbewegung ist das Zusammenspiel zahlreicher Muskeln, Gelenke und Sehnen von der Schulter bis zu den Fingerspitzen erforderlich. Wenn wir einen Löffel Suppe zum Munde führen, wirken über dreißig Gelenke und fünfzig Muskeln mit.

In jedem Augenblick erhalten wir durch die Hand eine große Menge an Informationen über die Dinge, die wir berühren – allein durch die Art, wie sie sich anfühlen. Das ist nur möglich, weil sich die Haut der Hand von der jedes anderen Körperteils unterscheidet. Sie ist außergewöhnlich zäh sowie elastisch und überaus tastempfindlich.

Der schlimmste Feind der menschlichen Hand ist Kälte, weil die Finger überwiegend aus spärlich durchbluteten Gelenken bestehen, in denen die Temperatur rascher sinkt als in den gut durchbluteten Muskeln. Deshalb kann man zwar den ganzen Tag bei 20 Grad Kälte Ski oder Schlittschuh laufen, ohne das Gesicht zu schützen, weil es dort viele gut durchblutete Muskeln gibt. Die Finger aber werden ohne Handschuhe in wenigen Minuten klamm und beginnen zu schmerzen. Ihre Gelenke werden – wie alle Gelenke des Körpers – von einer farblosen Gelenkschmiere durchspült, die für eine gleichmäßig gleitende Bewegung sorgt. Kühlt diese Gelenkschmiere ab, wird sie dickflüssig und das Gelenk steif. Die Fingerhaut verfärbt sich weißlich, bei Erfrierungen wird sie rot.

# Akupressur bei kalten Händen

Was ist zu tun bei kalten Händen? Die Hände kräftig massieren, mit Schnee abreiben oder mit einem Fön, Heizlüfter oder ähnlichem erhitzen? Auf keinen Fall, weil die kalten Finger langsam erwärmt werden müssen. In den Achselhöhlen oder mit lauwarmem Wasser geht es besser. Auch heiße Getränke – aber kein Alkohol! – können helfen. Und noch mehr Erfolg verspricht die Akupressur.

## *Die Arme abklopfen und die Mittelfinger akupressieren*

- Stellen Sie sich aufrecht hin, entspannen Sie den ganzen Körper, und lassen Sie Schultern und Arme locker hängen.

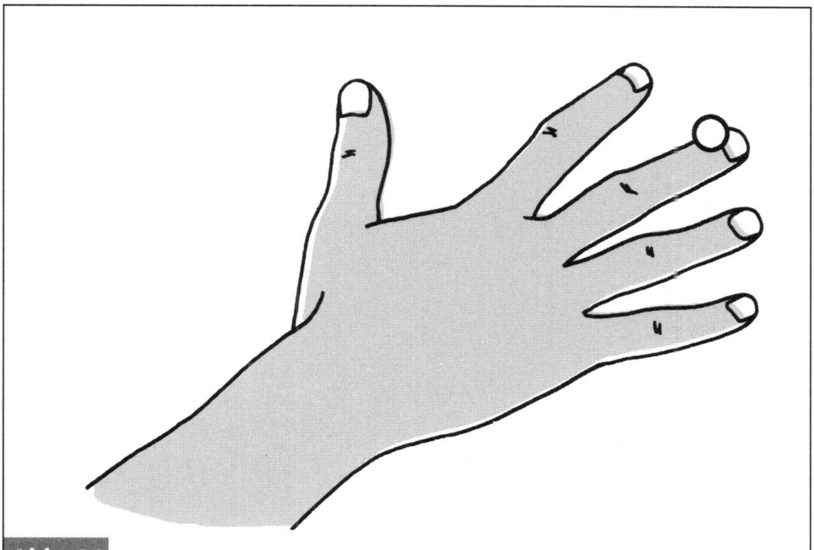

Abb. 16

- Klopfen Sie mit der rechten Hand Ihren linken Arm ab. Beginnen Sie an der Außenseite beim Handgelenk, und klopfen Sie nach oben bis zur Schulter. Wandern Sie danach an der Innenseite von der Achselhöhle bis zum Handgelenk nach unten. Wiederholen Sie dies fünfmal, klopfen Sie danach den rechten Arm ab.
- Sie können bei dieser Übung entweder mit der flachen Hand oder mit einer lockeren Faust klopfen. Wichtig ist jedoch, daß Sie Ihr Handgelenk dabei locker lassen.
- Akupressieren Sie anschließend Ihre Mittelfinger. Die Behandlungspunkte befinden sich am Nagelbettwinkel an der Zeigefingerseite (Abb. 16). Massieren Sie diesen Punkt an beiden Mittelfingern jeweils mindestens zwei Minuten lang in Richtung Ringfinger – aber bitte sanft, und wenn Sie unter hohem Blutdruck leiden, noch sanfter.

# WAS IHNEN DIE FINGER-NÄGEL SAGEN

Die Finger- und Fußnägel sind Verhornungsprodukte der obersten Hautschicht. Sie schützen die Endglieder der Finger und Zehen, eignen sich zum Kratzen und Schaben und fungieren als eine Art Widerlager beim Tasten mit den Fingerspitzen. Die Nagelplatte ist etwa 0,5 Millimeter dick. Sie baut sich aus Hornschichten auf, die wie Dachziegel übereinandergeschichtet sind. Die Wachstumszone des Nagels liegt unter dem »Möndchen« im Nagelbettgrund. Dieser gehört zur Keimschicht der obersten Hautschicht. Der nachwachsende Nagel wird vom Nagelbett aus auf die Fingerspitze zu geschoben, pro Tag etwa 0,1 Millimeter weit. Die Blutkapillaren unter der Hornschicht geben dem Nagel die rosa Farbe.

## Probleme mit den Fingernägeln

### *Weiche Fingernägel*

Weiche Fingernägel werden vererbt, wie feines oder kräftiges Haar. Wer zu weiche Nägel hat, muß den Traum von superlangen Fingernägeln schnell begraben. Man riskiert nur, daß die Nägel ständig abbrechen. Leider gibt es keine Therapie, die aus weichen Nägeln harte macht. Sie sind und bleiben empfindlicher als normale. Die beste Art, mit dem Problem fertig zu werden: Die Nägel müssen kurz gehalten werden, damit sie keine Angriffsfläche bieten, nicht splittern und brechen.

## *Brüchige Fingernägel*

Hiergegen gibt es ein Allround-Mittel: Gummihandschuhe, weil sehr oft Spülmittel und Laugen, in denen man fast täglich hantiert, schuld daran sind, wenn sich die Nägel schichtweise abspalten. Normalerweise sind die Nägel fähig, Feuchtigkeit zu binden, die sie elastisch hält. Durch manche Spülmittel aber können die Fingernägel ausgelaugt werden, die Verleimungen zwischen den einzelnen Nagelschichten lösen sich auf, und die Nägel splittern. Massieren Sie Ihre Fingernägel außerdem so oft wie möglich mit einer Fettcreme ein. Dadurch werden die Nägel etwas »abgedichtet«, denn die Aufnahmefähigkeit für Feuchtigkeit von außen wird gestört. Nützlich zur akuten Behandlung kann auch ein Nagelhärter sein, den man auf die Nagelspitzen aufträgt.

## *Abgebrochene Fingernägel*

Dafür gibt es zwei Ursachen. Erstens mechanische Einflüsse wie Anstoßen, Hängenbleiben, Verletzungen. Zweitens können abgebrochene Nägel eine Folge bereits brüchiger, splittriger Nägel sein. Wenn sich die Nagelschichten einzeln abziehen lassen, fehlt im Fingernagel plötzlich eine Ecke. Bei mechanischen Einflüssen läßt sich der Schaden relativ leicht beheben. Der Nagel wird von der Bruchstelle aus kurz und gerade gefeilt und zum Schutz lackiert. Wenn die Bruchstelle ganz gerade ist, kann der abgebrochene Nagel auch mit einem Spezialpräparat gekittet werden. Wichtig, wenn die Bruchstelle eine Folge splittriger Nägel ist: Nach dem Abfeilen mit Nagelhärter bestreichen, dann Unterlack auftragen, und zwar über den Nagel hinaus bis unter die Nagelspitze, damit die Angriffsfläche gut geschützt ist.

### *Abgekaute Nägel*

Nägelkauen ist meist ein Zeichen für psychische Konflikte wie unbewältigte Ängste, Unsicherheiten und Nervosität. Kaut jemand regelmäßig an seinen Nägeln, verlieren diese mit der Zeit ihre Härte und Dicke – je länger gekaut wird, desto dünner werden sie. Selbst wenn man es schafft, mit dem Abkauen aufzuhören, bleiben die Nägel in Zukunft weicher als normale Nägel. Wer also früher seine Nägel abgekaut hat, sollte daher besonders vorsichtig mit ihnen umgehen.

## Welche Hinweise Fingernägel auf die Gesundheit geben

Nägel können nicht nur etwas über das Seelenleben verraten, sie sind auch ein Spiegelbild unserer Gesundheit und weisen auf Mangelerscheinungen oder Krankheiten hin.

### *Längsrillen*

Längsrillen sind ein Zeichen von Eisen- und Kalziummangel. Mit Fisch, Milchprodukten und Tomaten können Sie leicht Abhilfe schaffen. Sollten die Längsrillen aber nicht verschwinden, deutet dies auf eine chronische Entzündung – etwa der Nasennebenhöhlen oder der Zähne – sowie auf beginnendes Rheuma hin. Die Entzündungsherde lassen sich vom Arzt schnell ausfindig machen und sanieren. Sollten Sie aber rheumagefährdet sein, können Sie die ärztliche Behandlung mit Akupressur unterstützen.

## Akupressur bei Rheumagefährdung

### *Akupressur der Handteller*

- Suchen Sie im Handteller Ihrer linken Hand einen Punkt, der sich drei Fingerbreit unterhalb der Grundgelenke der Finger, zwischen dem Ringfinger und dem kleinen Finger befindet (Abb. 17). Massieren Sie diese Stelle mit dem Zeigefinger der rechten Hand mindestens fünf Minuten lang in Richtung Ihrer Finger. Behandeln Sie anschließend Ihre rechte Hand auf dieselbe Weise.
- Diese Akupressur sollten Sie dreimal täglich durchführen.

### *Querfurchen und Stufenbildung*

Diese weisen auf Leber- oder Nierenstörungen hin – ein Arztbesuch ist daher unumgänglich. Aber die ärztliche Behandlung kann durch Akupressur unterstützt werden.

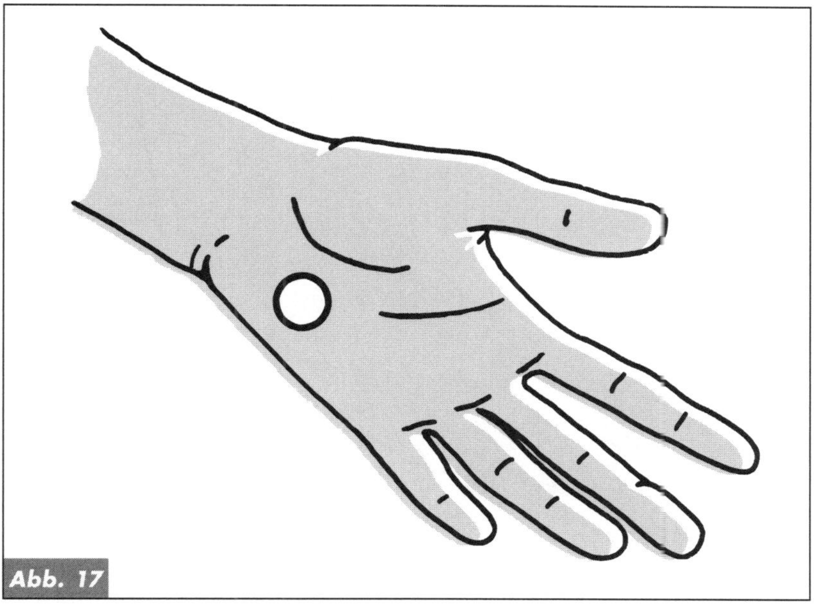

Abb. 17

## Akupressur bei Leber- oder Nierenfunktionsstörungen

Bei Leberfunktionsstörungen…

### *Akupressur der Fußrücken*

- Suchen Sie an Ihren Füßen einen Punkt, der auf dem Fußrücken, zwischen der Großzehe und der zweiten Zehe, zwei bis drei Fingerbreit in Richtung Fußgelenk liegt (Abb. 18). Massieren Sie diesen Punkt an beiden Füßen mit kräftigem Druck in Richtung Fußgelenk.
- Führen Sie diese Akupressur dreimal täglich durch.

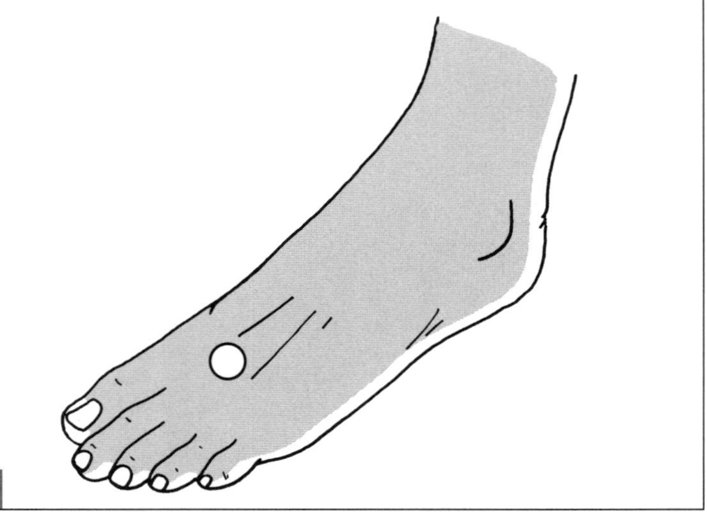

Abb. 18

Bei Nierenfunktionsstörungen…

*Akupressur der Unterschenkel und der Knie*

- Setzen Sie sich auf einen Stuhl, und legen Sie Ihren rechten Fuß auf Ihren linken Oberschenkel. Massieren Sie einen Punkt, der zwischen dem höchsten Punkt des Innenknöchels und der Achillesferse liegt, kräftig nach unten (Abb. 19). Wiederholen Sie dies danach am linken Fuß.
- Stellen Sie Ihre Füße dann wieder auf den Boden, und ertasten Sie zunächst mit dem linken Mittel- oder Zeigefinger einen Punkt, der sich am inneren Ende der Kniegelenksbeugefalte Ihres rechten Beines zwischen zwei Sehnen befindet (Abb. 19). Akupressieren Sie diesen drei Minuten lang nach oben, und wiederholen Sie diese Behandlung danach am linken Bein.
- Führen Sie diese Akupressur dreimal täglich durch.

### *Gelbe Nägel*

Eine Gelbfärbung der Nägel verweist, falls Sie nicht zu den starken Rauchern gehören, ebenfalls auf eine Leberstörung. (Akupressur siehe Leberfunktionsstörung)

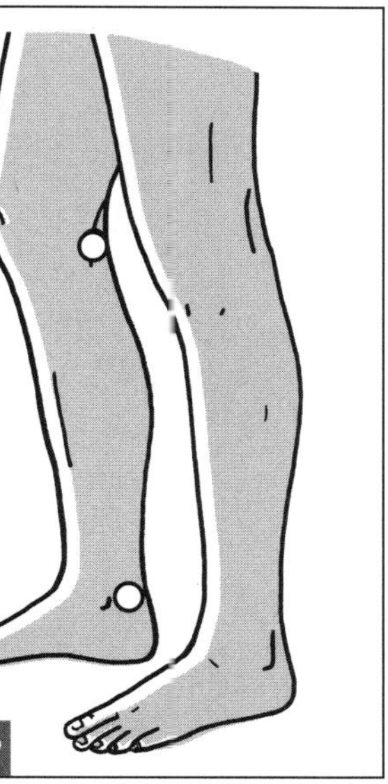

Abb. 19

### *Sehr schmale Nagelmonde*

Wenn Sie sehr schmale Nagelmonde haben, läßt dies einen niedrigen Blutdruck vermuten. Mit Akupressur bringen Sie ihn schnell auf Trab.

## Akupressur bei niedrigem Blutdruck

### *Akupressur des Hinterkopfes*

- Legen Sie Ihre linke oder rechte Hand auf den Hinterkopf, und drücken Sie fünfmal hintereinander fest zu.
- Machen Sie diese einfache Übung mindestens dreimal täglich.

### *Verdickte Nägel*

Verdickte Nägel verweisen häufig auf Durchblutungsstörungen, die Sie mit nachstehender Akupressur lindern können.

# Akupressur bei Durchblutungsstörungen

## *Akupressur des Kopfes*

- Legen Sie einen Mittelfinger auf die höchste Stelle Ihres Kopfes (in der Mitte einer gedachten Linie zwischen den höchsten Punkten der Ohrmuschel). Suchen Sie dann vier Punkte, die jeweils zwei Fingerbreit vor, neben und hinter diesem Mittelpunkt liegen (Abb. 20). Massieren Sie diese fünf Punkte – am besten mit den Fingern beider Hände – kräftig, indem Sie die Haut fünf Minuten lang immer wieder nach vorne schieben.
- Wiederholen Sie diese Akupressur alle zwei bis drei Stunden.

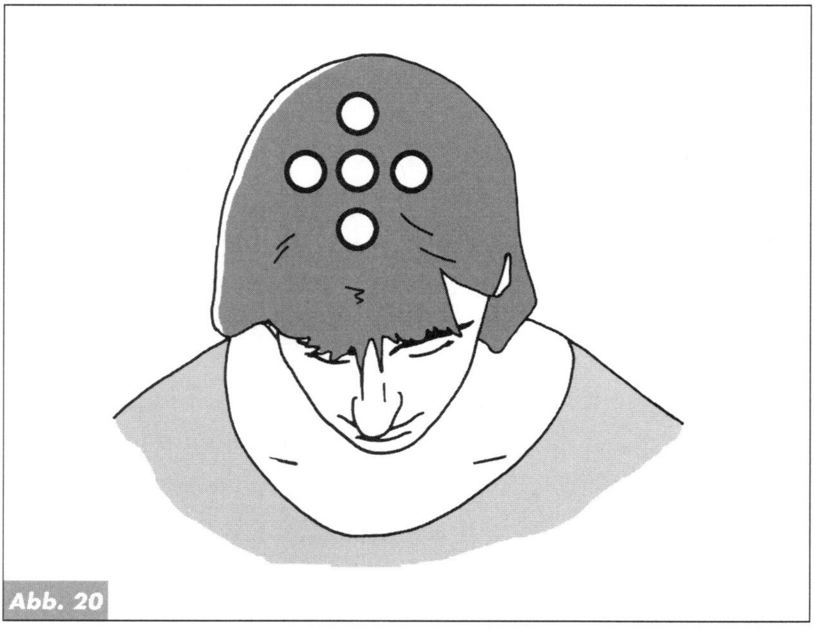

Abb. 20

# KREUZWEH? AKUPRESSIEREN SIE DIE SCHMERZEN WEG

Jeder dritte Deutsche leidet unter Rückenschmerzen; nur 20 Prozent der Erwachsenen bleiben zeitlebens davon verschont. Rückenleiden sind längst zu einer Volkskrankheit geworden – der häufigste Grund für den Arztbesuch.

Die Wirbelsäule trägt den Kopf, stützt den Rumpf und umschließt das Rückenmark. Sie besteht aus sieben Hals-, zwölf Brust- und fünf Lendenwirbeln sowie dem Kreuz- und dem Steißbein. Sämtliche Wirbel sind durch Zwischenwirbelgelenke verbunden. Durch lange, von oben nach unten verlaufende Bänder wird die Wirbelsäule zusätzlich stabilisiert.

Zwischen den Wirbelkörpern liegen die Bandscheiben und bilden das wichtigste »Puffersystem«, weil sie wegen ihrer Elastizität wie Stoßdämpfer wirken. Die Bandscheiben sollen die Belastungen zwischen den Wirbeln abfangen. Sie müssen Druck vertragen und sich danach wieder ausdehnen können. Dies wird durch einen im Innern gelegenen Gallertkern gewährleistet, der die Fasern des umliegenden Bindegewebsgürtels in einem bestimmten Spannungszustand hält und sich bei Bewegungen der Wirbelsäule und den sich dadurch ändernden Druckverhältnissen auch verschieben kann.

Die ungestörte Funktion der Bandscheiben ist nur dann möglich, wenn das »Puffersystem« ausreichend versorgt wird:

Bei Belastung werden Flüssigkeit und damit Stoffwechselabfallprodukte herausgepreßt, bei Entspannung werden Flüssigkeit und Nährstoffe ähnlich wie bei einem Schwamm aufgenommen.

Wie aber soll ein Schwamm neue Flüssigkeit aufsaugen, wenn er andauernd zusammengepreßt wird? Dies geschieht, wenn wir zum Beispiel lange am Arbeitsplatz oder vor dem Fernseher sitzen. So wird die Bandscheibe im Laufe der Zeit geschädigt; im schlimmsten Fall durchbricht ihr Gallertkern an einer Stelle den Faserring und »fällt vor«. Oftmals wird dann zur Operation geraten.

Doch lange nicht immer ist ein Bandscheibenvorfall für Rückenschmerzen verantwortlich. Zunächst sind es vielmehr Veränderungen an der Wirbelsäule selbst, Haltungsfehler, Rundrücken, Hohlkreuze, Flachrücken, seitliche Verbiegungen (Skoliosen), die zu Schmerzen führen. Außerdem muß man an angeborene Wirbelveränderungen, Wachstumsstörungen, Entzündungen, Geschwülste, Stoffwechselerkrankungen sowie die Spätfolgen von Unfällen denken.

Bei der vegetativen Dystonie stehen zwar Herz-Kreislauf-Fehlregulationen im Vordergrund, doch sind auch hier Rückenbeschwerden eine wesentliche Begleiterscheinung. Zu den Eigenarten von Rückenschmerzen gehört es nämlich, daß der Sitz der Beschwerden nicht mit dem Ort der krankhaften Veränderungen übereinstimmen muß. Oft sorgt auch seelischer Kummer für Kreuzweh. Man hat festgestellt, daß Rückenschmerzen besonders häufig bei Menschen mit Depressionen auftreten. Dann ist es nicht nur notwendig, den Rücken zu behandeln – in erster Linie ruft die Seele nach Hilfe!

# Akupressur gegen Rückenschmerzen

Sitzen Sie? Dann erheben Sie sich bitte, weil Sie diese Zeilen auch im Stehen lesen – und damit Ihrem Rücken etwas Gutes tun können. Ihr Kreuz mag Ihnen zwar jetzt keine Probleme bereiten, aber vielleicht ist es trotzdem nicht mehr ganz gesund. Machen Sie folgende Übungen, mit denen eine »angeknackste« Wirbelsäule stabilisiert und Rückenschmerzen vermieden bzw. gelindert werden können.

**Achtung:** Alle Übungen sollten mindestens zwei-, besser viermal täglich durchgeführt werden, möglichst eine halbe Stunde vor oder nach dem Essen. Das Schlagen, Klopfen und Trommeln muß zunächst langsam und sanft erfolgen und kann im Laufe der Zeit gesteigert werden.

Kommt es anfangs zum Muskelkater oder schwellen die Arme etwas an, ist dies eine normale Reaktion, und Sie können unbesorgt weiterüben. Nehmen dagegen lokale Schmerzen zu, handelt es sich vermutlich um eine oder mehrere lokale Entzündung(en) der Muskeln oder Sehnen. In diesem Fall sollten Sie die Akupressur abbrechen und einen Arzt aufsuchen.

## *Die Arme beklopfen*

- Diese Übung fördert die Blutzirkulation in den Schultern und den Armen; Schmerzen und Muskelkater werden gelindert.
- Stehen Sie aufrecht und entspannt, die Füße etwa schulterbreit auseinander. Strecken Sie Ihren linken Arm leicht angebeugt nach vorne, und klopfen Sie mit lockerem

Handgelenk kräftig auf der Außenseite des Armes vom Handrücken bis zur Schulter nach oben und auf der Innenseite des Armes von der Achselhöhle bis zur Handfläche wieder nach unten. Klopfen Sie dabei entweder mit der Handfläche oder mit einer lockeren Faust.

- Wechseln Sie die Arme, und bearbeiten Sie Ihren rechten Arm, danach den linken und wieder den rechten, bis jede Seite mindestens fünfzehnmal beklopft worden ist.

## *Trommeln auf Schultern und Rücken*

- Zur Entspannung der Schultern und des Rückens empfiehlt sich die »Trommel-Methode«:
- Stehen Sie wieder entspannt mit etwa schulterbreit voneinander entfernten Füßen, und klopfen Sie mit dem rechten Handteller auf Ihre linke Schulter. Trommeln Sie gleichzeitig mit Ihrem linken Handrücken auf Ihren unteren Rücken, links von der Wirbelsäule.
- Nach einer Minute wechseln Sie die Seiten: linker Handteller klopft auf rechte Schulter, rechter Handrücken trommelt auf den Rücken.
- Jede Seite muß mindestens zwölfmal bearbeitet werden – aber Sie werden es gerne öfter machen, weil Sie bald eine wohltuende Entspannung fühlen werden.

## *Auf den Rücken schlagen*

- Bei heftigen Rückenschmerzen empfiehlt es sich, statt der eben beschriebenen Übung die folgende durchzuführen:

- Stehen Sie wieder entspannt mit schulterbreit voneinander entfernten Füßen, und schlagen Sie abwechselnd mit dem linken und dem rechten Handrücken auf Ihren unteren Rücken, etwa eine Handbreit über der Taille links und rechts neben der Wirbelsäule.
- Schlagen Sie mindestens vierundzwanzigmal pro Seite auf diese Regionen.

### *Die Hüften drehen und die Arme schwingen*

- Diese Übung dient der Entspannung des Kreuzbeinbereiches und der Hüften.
- Stehen Sie entspannt mit schulterbreit voneinander entfernten Füßen und etwas gebeugten Knien.
- Bewegen Sie Ihre Hüften abwechselnd nach links und nach rechts, und lassen Sie Ihre Arme mit dieser Bewegung mitschwingen. Ein Arm schwingt nach vorne, einer schwingt nach hinten.
- Jedes Mal, wenn der hintere Arm Ihre Wirbelsäule unterhalb der Taille erreicht hat, schlagen Sie mit dem Handrücken locker auf Ihren Rücken.
- Machen Sie dies mindestens zwölfmal, besser sind 24 Schläge.

### *Akupressur der Leberzone und der Mittelfinger*

- Wenn Ihre Rückenschmerzen mit einer depressiven Verstimmung in Verbindung stehen, sollten Sie folgende Akupressur durchführen:

- Sobald Sie der Katzenjammer plagt, und es im Kreuz zwickt und zwackt, legen Sie sich aufs Bett und plazieren Sie Ihre rechte Hand auf dem rechten Rippenbogen oberhalb der Leber (Abb. 21). Drücken Sie zehn- bis fünfzehnmal zu – schon bessert sich Ihr Befinden.
- Sollten Sie im Büro sitzen, dann akupressieren Sie die Niedergeschlagenheit an den Mittelfingern weg:
- Pressen Sie jeweils fünfmal hintereinander mit dem Daumen so fest wie möglich einen Punkt am Nagelbett des Mittelfingers auf der zum Zeigefinger gerichteten Seite (Abb. 21a), zunächst an der linken, dann an der rechten Hand. Sie werden sehen: Kurz darauf verbessert sich Ihre Laune, und auch der Rücken tut nicht mehr so weh.

Abb. 21

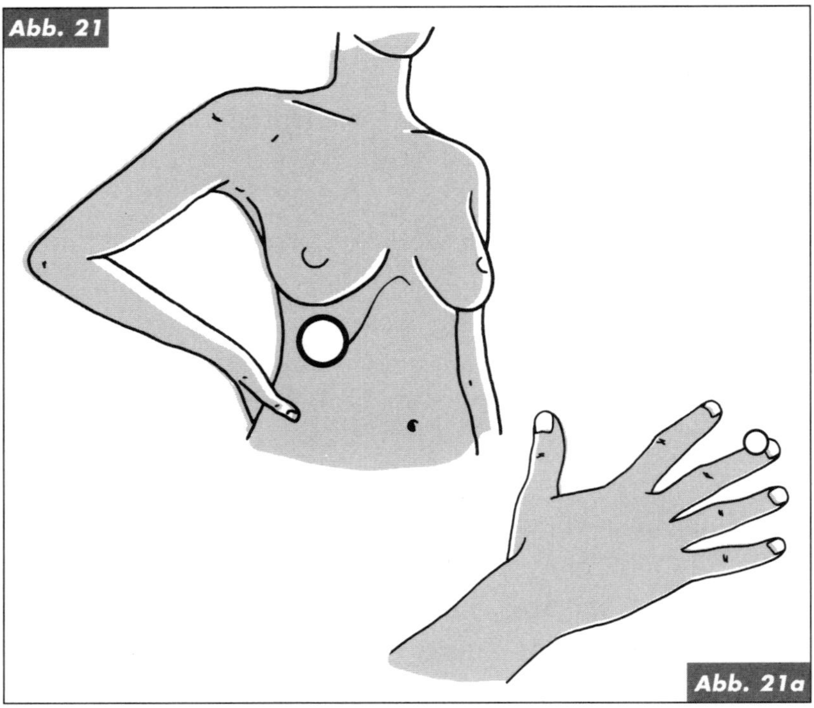

Abb. 21a

# WIE SIE EINEM BLÄH-BAUCH ZU LEIBE RÜCKEN

Bei jedem Verdauungsvorgang entstehen Gase, die vorübergehend in der Magenblase bleiben und später über die Därme aufgenommen und ausgeschieden werden. Wie »stürmisch« es im Bauch zugeht, hängt auch von den Nahrungsstoffen ab. Hülsenfrüchte, einige Kohlarten, Pflaumen, Birnen, Gurkensalat, Zwiebeln, Hefekuchen, Bier und Most können ein heftiges Rumoren im Leib bewirken. Hauptursache der lästigen Blähungen ist aber die verschluckte Luft. Wer ißt oder trinkt, schluckt gleichzeitig Luft – und zwar um so mehr, je hastiger man ißt.

Nun könnte die Luft einfach »herausgerülpst« werden, aber bei vielen Menschen ist der starke Verschluß des Mageneingangs so verkrampft, daß sie nicht mehr aufstoßen können. Deshalb muß die geschluckte Luft durch den Darm entweichen. Bis es soweit ist, dauert es normalerweise eine halbe bis eine Stunde.

Eine übermäßig starke Gasbildung kann den Betroffenen sehr zu schaffen machen. Nicht nur, daß es im Leib heftig grummelt, der Bauch tut auch unangenehm weh und ist aufgebläht. Manchmal entstehen schmerzhafte Windkoliken, das Zwerchfell wird hochgedrängt, wodurch sowohl das Herz als auch die Atmung in Mitleidenschaft gezogen werden.

Bei allen Blähungen spielt die Tätigkeit des Darms eine wichtige Rolle. Die Darmmuskeln sind entweder kraftlos, oder sie arbeiten zu langsam. Oder sie sind verkrampft oder erschlafft, so daß der Darminhalt nicht mehr zügig vorangeschoben wird.

Bei den alten Römern gehörte das »Darmsausen« zu einer gepflegten Orgie. Die Chinesen hingegen empfanden Blähungen schon vor Jahrtausenden als höchst verdrießlich und entwickelten zahlreiche Gegenmaßnahmen, unter anderem die Akupressur und das Bauchkneten.

## Akupressur bei Blähungen

### *Akupressur der Hände*

- Legen Sie Ihre rechte Hand zwischen Daumen und Zeigefinger der linken. Der Daumen der linken Hand kommt dabei in dem muskulären Bereich zwischen Daumen und Zeigefinger der rechten Hand, nahe bei den Knochen der Hand, zu liegen (s. S. 30, Abb. 3). Drücken Sie kräftig mit Ihrem Daumen, und massieren Sie den Punkt drei Minuten lang in Richtung Handgelenk. Akupressieren Sie anschließend die linke Hand auf dieselbe Weise.
- Diese Behandlung sollte zwei- bis dreimal täglich zur Vorbeugung durchgeführt werden.

### *Akupressur der Unterschenkel*

- Setzen Sie sich hin, und suchen Sie an der Außenseite Ihres linken Unterschenkels einen Punkt, der acht Fingerbreit unterhalb der Kniescheibenmitte und zwei Fingerbreit seitlich des Schienbeins liegt (Abb. 22). Massieren Sie diesen Punkt drei Minuten lang mit Druckrichtung nach unten. Wiederholen Sie dies anschließend am rechten Bein.

- Führen Sie diese Akupressur morgens, mittags und abends durch.

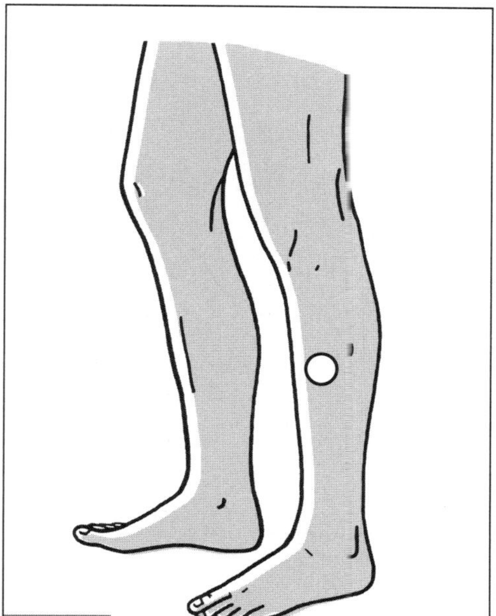

Abb. 22

## *Akupressur der Handkanten*

- Wollen Sie gezielt Magen und Dünndarm behandeln, weil es darin pausenlos rumpelt, empfiehlt sich die Akupressur der Handkanten.
- Suchen Sie drei Fingerbreit unterhalb des Grundgelenks des kleinen Fingers einen Punkt, den Sie drei Minuten lang in Richtung Handgelenk massieren. Tun Sie dies zuerst an der linken, dann an der rechten Hand – jeweils drei Minuten lang.
- Führen Sie diese Akupressur mindestens zweimal am Tag durch.

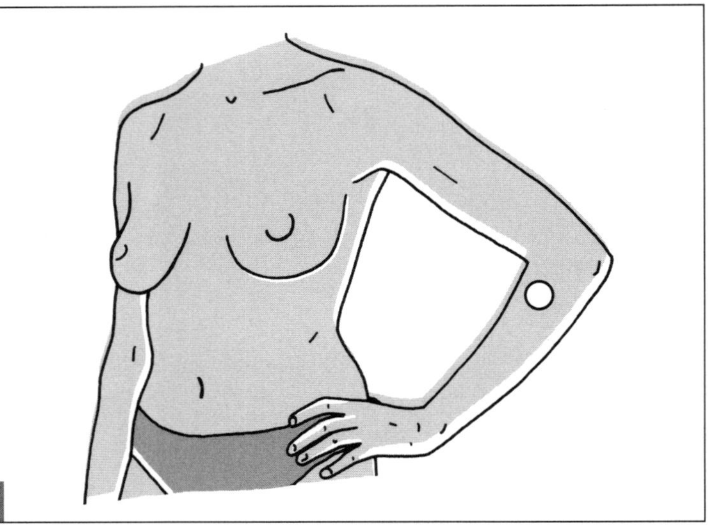

Abb. 23

*Akupressur der Ellenbogen*

- Wütet die Luft mehr in Ihrem Dickdarm, müssen Sie eine Region an Ihren Ellenbogen akupressieren.
- Beugen Sie Ihren Arm leicht an, und tasten Sie von der Ellenbogenbeugefalte drei Fingerbreit zum Unterarm (Abb. 23). Diesen druckempfindlichen Punkt massieren Sie zuerst am linken, dann am rechten Arm drei Minuten lang zum Ellenbogen hin. Massieren Sie nicht zu heftig, es genügt auch ein leichtes Klopfen.
- Führen Sie diese Akupressur dreimal täglich aus.

## Bauchkneten bei Blähungen

Das Bauchkneten wurde speziell für diejenigen Menschen entwickelt, bei denen es pausenlos im Unterleib rumort, so daß sich ein Bäuchlein oder ein richtiger Blähbauch gebildet hat.

Nach Auffassung der traditionellen chinesischen Medizin sollten Sie Ihren Bauch morgens und abends im unbekleideten Zustand durchkneten. Dabei sollten Sie ganz natürlich atmen und Ihre Gedanken auf die knetende Hand konzentrieren. Wenn es dabei zu Begleiterscheinungen wie Blähungen, Rülpsen, Wärme im Bauch oder Hunger kommt oder Sie einen Drang zur Blasen- oder Darmentleerung verspüren, sind das ganz normale Reaktionen.

### *Schieben des Mittelbauches*

- Setzen Sie sich aufrecht hin, plazieren Sie eine Hand mit ausgestreckten Fingern auf der Magengrube, und legen Sie die Finger der anderen Hand auf die Finger der unteren. Nun schieben Sie die Fingerkuppen sanft(!) von der Magengrube entlang der Mittellinie bis nach unten bis zum Schambein.
- Dort angekommen trennen Sie Ihre Hände voneinander und kneten Ihren Unterbauch mit den Fingerkuppen sanft durch, wobei Sie mit Ihrer linken Hand etwa eine Handbreit nach links und mit der rechten etwa eine Handbreit nach rechts wandern.
- Anschließend wandern Sie mit kreisenden Bewegungen der Fingerkuppen langsam nach oben bis zu den Rippenbogen und legen Ihre Hände in Höhe der Magengrube wie zu Beginn der Übung wieder übereinander (Abb. 24).
- Wiederholen Sie den gesamten Ablauf zweimal.

## *Handteller-Akupressur*

- Nehmen Sie eine bequeme Sitzhaltung ein. Plazieren Sie die Handballen beider Hände so, daß sich die Handflächen auf den Hüften befinden und die Daumen am unteren Rand der Rippen liegen.
- Pressen Sie nun mit den Handflächen Ihre Taille kräftig nach innen und nach vorne, so daß der Bauch hervortritt und nach Lockerung des Handflächenansatzes zurückschnellt.
- Machen Sie diese Übung insgesamt neunmal.

## *Reiben des Bauches*

- Das Reiben des Bauches eignet sich sehr gut für die Zeit der Menstruation und kann im Sitzen oder Liegen durchgeführt werden.
- Stemmen Sie die linke Hand so in die Seite, daß der Daumen nach vorne zeigt, während die vier Finger nach hinten gewandt sind. Plazieren Sie die rechte Hand auf Höhe des Blinddarms auf dem rechten Unterbauch, und schieben Sie Ihren Handteller mit sanftem Druck nach oben, bis er sich etwa eine Handbreit unter ihrer rechten Brustwarze befindet.
- Von dort aus schieben Sie die Hand auf derselben Höhe weiter nach links, bis Sie unterhalb der linken Brustwarze angelangt sind. Danach bewegen Sie die Hand wieder gerade nach unten bis zum linken Unterbauch und schließlich wieder zurück zum rechten Unterbauch, wo Sie begonnen haben (Abb. 25).

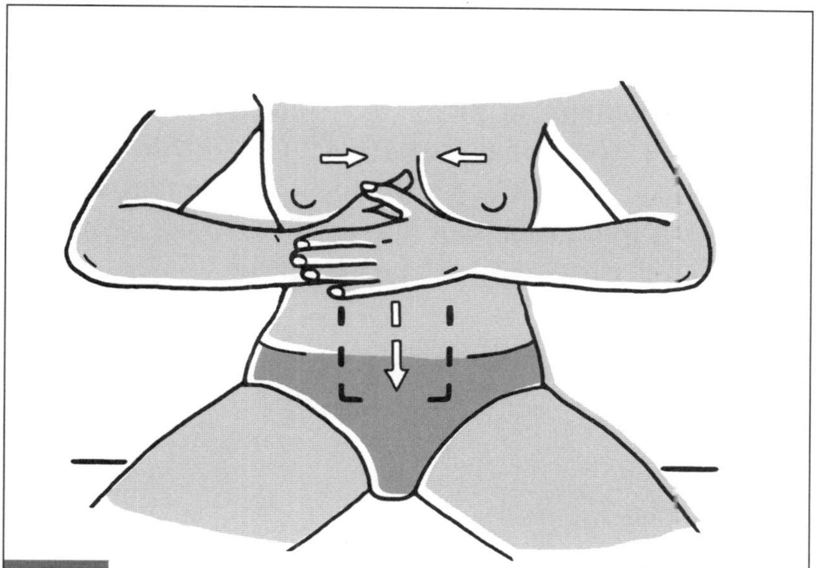

Abb. 24

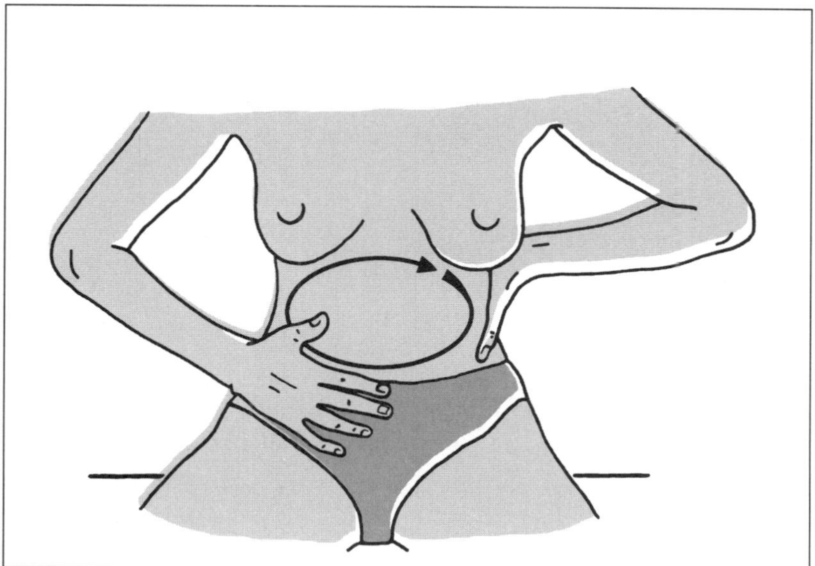

Abb. 25

- Ziehen Sie auf diese Weise achtzehn Kreise mit dem rechten Handteller.
- Danach führen Sie die Übung mit der linken Handfläche in entgegengesetzter Richtung durch, d.h. Sie beginnen am linken Unterbauch auf Blinddarmhöhe, schieben Ihre Handfläche auf der linken Seite nach oben und auf der rechten wieder nach unten.

# SO BLEIBT IHRE HAUT JUNG UND ELASTISCH

Unsere Haut ist mit zwei Quadratmeter Gesamtfläche unser größtes Organ. Sie hat drei Schichten: eine sehr dünne Oberhaut (Epidermis), die stabile Lederhaut (Corium), die uns gewissermaßen zusammenhält, und das Unterhautfettgewebe (Subcutis).

Von der Keimschicht der Oberhaut werden ständig neugebildete Hautzellen nach außen gedrückt, die an der Oberfläche verhornen und als Schuppen abfallen. Wenn Sie mit dem Fingernagel über die trockene Haut kratzen, bemerken Sie eine weißliche Pulverschicht, von der der Körper täglich etwa zehn Gramm abgibt. Es sind Bestandteile der abgestoßenen Hautschuppen – das einzige, was wir davon bemerken, daß sich unsere Haut alle 27 Tage vollständig erneuert.

Wenn sich an den Füßen eine Laufblase von drückenden Schuhen bildet oder am Finger eine Blase nach einer Verbrennung, hat sich die dünne Oberhaut fein säuberlich von der Lederhaut getrennt. Diese Blasen kann man aufschneiden, ohne daß es blutet – einfach deshalb, weil die Epidermis keine Blutversorgung hat. In der darunterliegenden Lederhaut stecken alle Kostbarkeiten wie Drüsen, Nerven, Tastkörperchen und vieles andere.

Das Unterhautfettgewebe stellt als dritte Schicht gewissermaßen die Polsterung dar, die es uns erleichtert, stundenlang auf einem harten Stuhl zu sitzen. Diese »Stoßdämpfer«

sind unterschiedlich dick und abhängig von Alter, Geschlecht, Hormonstatus, Ernährung und körperlicher Aktivität.

Unsere Haut erscheint schön und gepflegt, wenn sie gut durchblutet ist, eine glatte, gleichmäßige Oberfläche und ausreichende Spannkraft besitzt. Es sollen keine Schuppen zu erkennen sein und kein Wechsel zwischen matten und glänzenden Stellen. Das ist nicht einfach, weil äußere Umwelteinflüsse der Haut reichlich zusetzen. Zu trockene Luft in Wohnräumen und Büros, die durch moderne Heizsysteme und Klimaanlagen sowie durch dicht schließende Energiesparfenster gesteigert wird, belasten unsere Haut zunehmend.

Leider läßt sich das Altern der Haut nicht aufhalten. Es ist ein vorbestimmter biologischer Ablauf, der bereits ab dem 30. Lebensjahr beginnt. Aber durch eine richtige Hautpflege läßt sich der Alterungsprozeß verlangsamen.

Vor allem muß das Defizit an Fett und Feuchtigkeit ausgeglichen werden. Denn durch das sinkende Feuchtigkeitsbindevermögen der Haut und den geringeren Fettgehalt kommt oft ein Juckreiz hinzu. Weil sich der Stoffwechsel verlangsamt, werden die Schweiß- und die Fettproduktion der Talgdrüsen vermindert. Die elastischen Fasern und Bindegewebsbündel der Lederhaut sind nicht mehr so dehnbar wie in jungen Jahren. Die Erweiterung der Blutgefäße macht rote Äderchen sichtbar. Durch den Abbau von Fettpolstern im Unterhautfettgewebe wird die Faltenbildung verstärkt.

## Richtige Hautpflege

Was können Sie tun, wenn Sie Ihre Haut möglichst lange schön, gepflegt und jugendlich erhalten wollen? Vor allem müssen Sie bei der Körperpflege darauf achten, daß Sie die richtigen Präparate für den trockenen Hauttyp verwenden. Seifen oder synthetische Waschpräparate entfetten die Haut, andere Produkte, die rückfettende Substanzen enthalten, eignen sich sehr gut für trockene Haut.

Wichtig ist auch, daß die Pflege- und Kosmetikartikel keinen Parfümzusatz haben und alle Inhaltsstoffe genannt sind. Zu häufiges, zu langes und zu heißes Duschen oder Baden entzieht der Haut zuviel Fett und Feuchtigkeit und führt zu Austrocknung. Ebenso sollten Sie die Finger von selbstgefertigten Biokosmetik-Produkten lassen, weil sie oft Substanzen enthalten, die Allergien auslösen können – zum Beispiel Murmeltierfett, Schweineschmalz, Ziegenbutter. Auch manche Kräuter und Pflanzen sind bedenklich. Im übrigen können hausgemachte Kosmetika mit Bakterien versetzt sein.

## Akupressur für schöne Haut

Aber auch mit Akupressur können Sie Ihrer Haut einen guten Dienst erweisen und Ihre jugendliche Frische lange erhalten.

### *Akupressur von Schilddrüse und Augenbrauen*

- Drücken Sie mit dem Daumen behutsam links und rechts neben Ihrer Schilddrüse (unterhalb des Kehlkopfes) von oben nach unten, und halten Sie jeden Druckpunkt etwa fünf Sekunden lang (Abb. 26). Behandeln Sie zuerst die linke, dann die rechte Seite, und immer sehr sanft!

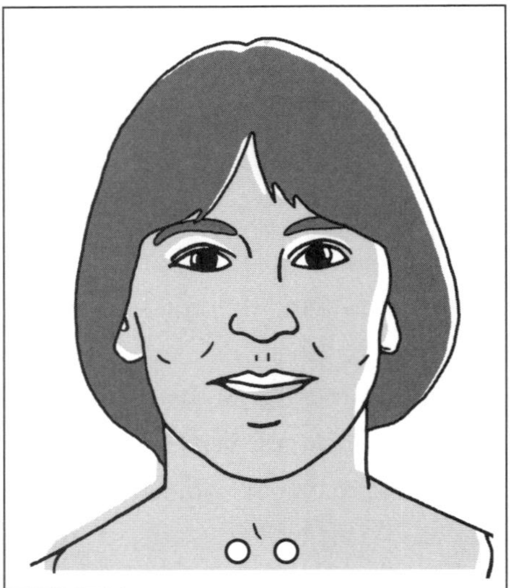
Abb. 26

- Akupressieren Sie danach Ihre Augenbrauen. Dabei ist es wichtig, daß die Augenlider nicht berührt werden! Pressen Sie die Haut gegen die darunterliegenden Knochen, und schieben Sie sie unter mittelstarkem Druck nach oben. Tun Sie dies fünfmal hintereinander gleichzeitig auf beiden Seiten.
- Führen Sie die Schilddrüsen- und Augenbrauen-Akupressur mindestens dreimal am Tag durch.

### *Akupressur des Nackens*

- Ein weiterer Punkt zur Erhaltung einer schönen Haut befindet sich in der Mitte Ihres Nackens auf Höhe des Haaransatzes. Halten Sie den Kopf aufrecht und locker, und drücken Sie dann mit dem Zeige- oder Mittelfinger fünfmal kräftig auf diese Stelle.
- Diese Akupressur hat den angenehmen Nebeneffekt, daß Sie plötzlich hellwach sind. Führen Sie die Behandlung fünfmal täglich durch.

# HAUTJUCKEN – KRATZEN SIE IHRE SCHÖNE HAUT NICHT KAPUTT

Ist Ihnen schon einmal aufgefallen, wie sehr sich die weibliche Haut von der männlichen unterscheidet? Für die Frau ist sie ein viel wichtigeres Sinnesorgan, denn sie reagiert sensibler und empfindungsreicher. Im Durchschnitt hat die Haut der Frau nur eine Oberfläche von etwa 1¾ Quadratmetern (die des Mannes zwei Quadratmeter), und sie ist nur etwas über einen Millimeter dünn (beim Mann sind es fast zwei Millimeter). Die Zahl der hochempfindlichen Tastkörperchen, die jede Berührung wahrnehmen, ist bei Frauen wesentlich höher.

Heutzutage hat jeder vierte Mensch Probleme mit seiner Haut, weil Wind, Sonne und Kälte, Arbeitsstoffe, Seifen, Badezusätze und vieles andere dem größten Organ des Menschen so zusetzen können, daß die Haut in bedrohlichem Maße auszutrocknen beginnt – und dies um so stärker, je älter der Mensch ist.

## Hautpflege

Eine anhaltend trockene und somit irritierte Haut braucht eine regelmäßige und sorgsame Pflege. Wer trockene Haut optimal pflegen will, muß mit einer sinnvollen, nicht übertriebenen Hautreinigung beginnen. Leider wird schon dabei oft des Guten zuviel getan. Zu häufiges, zu langes und zu heißes Duschen oder Baden entzieht der Haut in großem Maße Fett und Feuchtigkeit mit nachfolgender Austrocknung, besonders dann, wenn zu aggressive Mittel zur Körperreinigung benutzt werden.

Eine gesunde Haut hat spätestens zwei Stunden danach die natürliche Schutzbarriere wieder aufgebaut, die trockene Haut kann das allein jedoch nicht mehr schaffen. Das entzogene Fett sollte deswegen der kranken Haut wieder zugeführt werden, was am ehesten und einfachsten mit medizinischen Ölbädern gelingt. Die beste Wassertemperatur liegt dabei zwischen 32 und 36 Grad, der Betroffene sollte fünf bis höchstens zwanzig Minuten im Wasser bleiben.

Frauen sind, offenbar wegen der mit den Jahren stärker nachlassenden Talgproduktion, häufiger als Männer mit trockener Haut belastet, die zu Ekzemen führen kann. Aber nicht nur das: Weil sich die Frauen auch heute noch meist um den Haushalt kümmern und dabei mit Wasch- und Putzmitteln in Berührung kommen, treten bei ihnen häufiger stark juckende Hautentzündungen auf.

Was kann man dagegen tun? Das Motto »Wen's juckt, der kratze sich« bringt gar nichts. Im Gegenteil, die Haut kann beim Schaben und Kratzen so sehr beschädigt werden, daß häßliche Narben zurückbleiben. Den Juckreiz lindernde Salben, die auch nicht immer nebenwirkungsfrei sind und für die Sie in der Apotheke eine Menge Geld bezahlen müssen, sind nicht immer notwendig. Oftmals wirkt auch Akupressur.

# Akupressur gegen Hautjucken

Es gibt verschiedene Punkte, die gegen Hautjucken wirken, und Sie müssen selbst herausfinden, auf welche Behandlung Ihr Körper am besten reagiert.

Bei akuten Beschwerden ...

## *Akupressur der Hände*

- Legen Sie Ihre rechte Hand zwischen Daumen und Zeigefinger der linken. Der Daumen der linken Hand kommt dabei in dem muskulären Bereich zwischen Daumen und Zeigefinger der rechten Hand, nahe bei den Knochen der Hand, zu liegen. Drücken Sie kräftig mit Ihrem Daumen, und massieren Sie den Punkt drei Minuten lang in Richtung Handgelenk (s. S. 30, Abb. 3). Wiederholen Sie die Behandlung anschließend an der linken Hand.

## *Akupressur der Ellenbogen*

- Beugen Sie Ihren linken Arm an, so daß sich eine Beugefalte am Ellenbogen bildet. Üben Sie mit dem rechten Zeige- oder Mittelfinger kräftigen Druck auf einen Punkt am äußeren Ende dieser Falte in der Nähe des Knochens aus, und massieren Sie die Stelle mindestens drei Minuten in Richtung Oberarm (Abb. 27). Wiederholen Sie die Akupressur danach am rechten Ellenbogen.

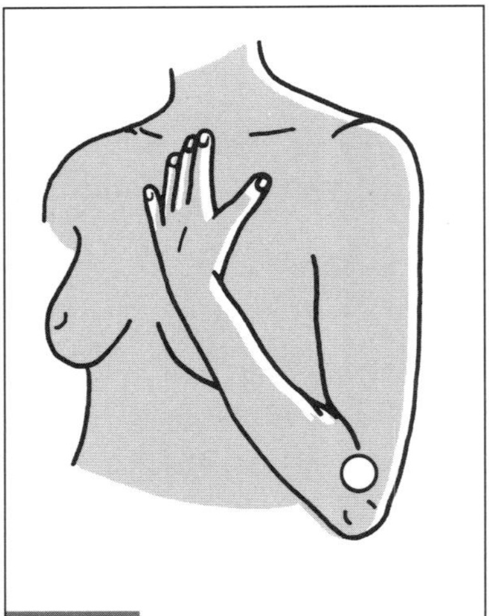

Abb. 27

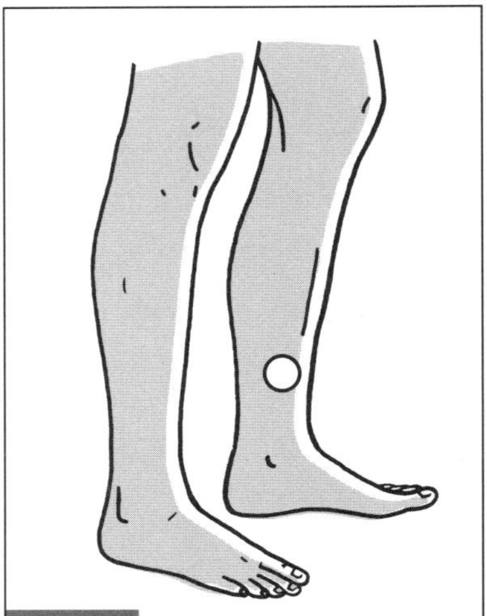

Abb. 28

## *Akupressur der Unterschenkel*

- Setzen Sie sich auf einen Stuhl, legen Sie Ihren linken Fuß auf Ihren rechten Oberschenkel, und ertasten Sie einen Punkt, der sich eine Handbreit oberhalb des höchsten Punktes des Innenknöchels befindet (Abb. 28). Diesen Punkt massieren Sie drei Minuten lang mit mittelkräftigem Druck in Richtung Knie.
- Rücken Sie dann eine Handbreit nach oben und einen Fingerbreit nach vorne zum Schienbein. Akupressieren Sie auch diesen Punkt drei Minuten lang, allerdings mit sanfterem Druck. Behandeln Sie danach Ihren rechten Unterschenkel auf dieselbe Weise.

Zur Vorbeugung…

### *Akupressur des Rückens*

- Legen Sie Ihre rechte Hand (Linkshänder nehmen die linke Hand) über die linke Schulter zwischen die Schulterblätter. Massieren Sie diejenige Stelle auf der Wirbelsäule, auf der Ihr Mittelfinger zu liegen kommt, kräftig mit kreisförmigen Bewegungen.
- Führen Sie diese Akupressur mindestens fünfmal täglich durch.

### *Ohr-Akupressur*

- Legen Sie Ihren linken Zeigefinger auf den Rand der linken Ohrmuschel hinter dem Gehöreingang, und massieren Sie diese Kante nach oben. Oben angekommen, akupressieren Sie die Region, die vor der Ohrmuschel liegt, nach unten bis zum Ansatz des Ohrläppchens. Machen Sie dies mindestens fünf Minuten lang.
- Danach behandeln Sie Ihr rechtes Ohr. Akupressieren Sie dabei den Rand der Ohrmuschel hinter dem Gehörgang nach unten, und massieren Sie dann vom Ohrläppchen aus nach oben bis zum oberen vorderen Ansatz der Ohrmuschel.
- Führen Sie diese Behandlung mindestens fünfmal täglich durch.

# UNTERSTÜTZEN SIE DIE NEURODERMITIS-DIÄT MIT AKUPRESSUR

Kommt Ihnen das bekannt vor: Sie sitzen da und kratzen sich verstohlen oder ungeniert. Oder Sie versuchen, es zu vermeiden, haben deswegen sogar Handschuhe angezogen. Vielleicht tragen Sie ein locker um den Hals geschlagenes Baumwolltuch, das Sie immer wieder zum Kinn hochziehen, weil Sie etwas verbergen wollen: grellrote Flecken, häßlich verschorfte Stellen.

Sollte Ihnen die geschilderte Situation vertraut sein, gehören Sie vermutlich zu den bedauernswerten Menschen, die unter Neurodermitis leiden. Neurodermitis ist eine chronische und entzündliche Hautkrankheit mit Bildung von Bläschen oder knötchenartigen Ausschlägen. Die Veranlagung zur Neurodermitis kann erblich bedingt sein. Die Krankheit bricht jedoch meist erst dann aus, wenn andere Faktoren hinzukommen. Zum Beispiel eine Schwächung der Immunabwehr durch Erkältung oder Infektionen oder durch Umweltgifte. Meist jedoch handelt es sich um einen Hilferuf der Seele, denn unsere Haut reagiert schnell auf unseren Gemütszustand.

Die schlimmste Begleiterscheinung der Neurodermitis ist der unerträgliche Juckreiz, der oft schon auftritt, bevor sich das eigentliche Ekzem entwickelt. Dies geschieht meist an Stellen, an denen die Haut besonders trocken, zart und dünn ist. Dort bilden sich Rötungen und Entzündungen, die zu knötchenartigen und pustulösen Hauterhebungen anschwellen. Am häufigsten sind die sogenannten »Beugestellen« betroffen: Handgelenke, Ellenbogen, Kniekehlen oder Fußrücken. Auch im Nacken, unter dem Kinn und an den Wangen kann sich die Neurodermitis zeigen. Wenn es ganz schlimm kommt, erstreckt sich der Ausschlag von Kopf bis Fuß – auch über das Gesicht!

Das besonders Heimtückische an der Neurodermitis ist, daß sie die Betroffenen praktisch über Nacht befällt. Viele kratzen sich bereits im Schlaf, und morgens sieht die Haut regelrecht gefoltert aus und kann nur mit einem reizarmen, alkoholfreien Gesichtswasser oder einem seifenfreien Reiniger mit lauwarmem Wasser vorsichtig gesäubert werden.

## Neurodermitis-Diät

Ganzheitlich orientierte, naturheilkundliche Ärzte und Heilpraktiker sehen in der Neurodermitis eine – noch unerkannte – Allgemeinerkrankung, deren Ursache eine Stoffwechselstörung ist.

Bei gesunden Menschen herrscht im Magen ein saures, im Darm ein alkalisches Milieu vor. Nur so kann die Nahrung richtig ausgewertet werden. Doch bei vielen Neurodermitis-Patienten ist es umgekehrt: Ihnen fehlt Magensäure, dafür ist der Darm übersäuert durch Gärungsprozesse der krankmachenden Pilze und Bakterien. In der Folge mangelt es an wichtigen Enzymen, oder diese sind in ihrer Arbeit gehemmt.

Vitamine aus dem B-Komplex werden vermindert produziert, dafür ist die Durchlässigkeit der Darmwände für unvollständig abgebaute Bestandteile der Nahrung stark erhöht. Sie bilden mit den Antikörpern die sogenannten »zirkulierenden Immunkomplexe«. Diese gelangen in großer Menge ins Blut und erzeugen verschiedenste Symptome.

Außerdem befinden sich im Darm der Betroffenen außergewöhnlich viele krankmachende Bakterien oder Pilzstämme. Diese sind oft verantwortlich für die heftigen Reaktionen, die nach dem Verzehr von Zucker, Alkohol, Mehlen, Zitrussäften u.a. entstehen.

Auf der Grundlage dieser Erkenntnis wurde eine Neurodermitis-Diät entwickelt.

**Grundsätzlich verboten sind:**

Alkohol, Kaffee, schwarzer Tee, zuckerhaltige Süßigkeiten wie Eis, Bonbons, Schokolade, Torten usw., Fleisch vom Schwein, Lamm, Wild, Kalb, Hähnchen, alle Wurstwaren, fette Käsesorten, raffinierte Öle, konservierte oder tiefgefrorene Lebensmittel. Weißer Zucker und weißes, ausgemahlenes Mehl sind zu meiden und sollen durch Vollkornprodukte und dunkles Mehl ersetzt werden.

**Was Sie essen dürfen:**

Als Fleisch wird frisch geschlachtete Pute, Suppenhuhn oder fettarmer Fisch (Forelle) verwendet. Es muß zweimal in frischem Wasser ausgiebig gekocht werden, die Brühe wird nicht verwendet. Auch bei Nudeln muß das Kochwasser gewechselt werden. Erlaubt sind weiterhin Speisequark, Distel- und Olivenöl, Süßstoff, grüne Salate, gekochtes Gemüse, Naturreis, gekeimte Körner, einheimisches Obst, Kräutertee, Mineralwasser.

Wenn Sie diese Schonkost noch mit Akupressur unterstützen, müßte sich nach vier, fünf Wochen die erste Besserung einstellen.

## Akupressur bei Neurodermitis

Die beiden folgenden Akupressuren sollten Sie einzeln (mindestens dreimal am Tag) oder abwechselnd (je zweimal täglich) durchführen. Der erforderliche Zeitaufwand ist zwar recht hoch, und die Behandlung wird Sie nicht ganz vom quälenden Juckausschlag erlösen, Ihre Beschwerden werden aber in Verbindung mit der beschriebenen Neurodermitis-Diät erheblich gelindert.

### *Akupressur der Ellenbogen*

- Strecken Sie Ihren rechten Arm nach vorn und winkeln Sie ihn an, so daß eine Beugefalte im Ellenbogenbereich entsteht. Tasten Sie mit dem linken Zeige- oder Mittelfinger vom Ende der Beugefalte in Richtung Ellenbogengelenk, bis Sie auf den Widerstand des Knochens stoßen. Der Punkt, nach dem Sie suchen, befindet sich in einer von Knochen eingerahmten Mulde. Üben Sie fünfmal hintereinander kräftigen Druck auf diesen Punkt aus. Aller Wahrscheinlichkeit nach ist dieser Punkt ziemlich druckempfindlich, und der Schmerz wird danach noch eine Weile anhalten, wenn Sie den richtigen Punkt getroffen haben. Wiederholen Sie die Behandlung am linken Arm.

## *Akupressur der Knie*

- Setzen Sie sich auf einen Stuhl, beugen sich ein wenig nach vorne und legen Ihre Hände mit geschlossenen Fingern auf Ihre Oberschenkel, so daß die Finger auf den Kniescheiben ruhen. Dort, wo die Zeigefinger liegen, befindet sich eine Vertiefung zwischen zwei Knochen. Drücken Sie gleichzeitig an beiden Beinen fünfmal kräftig in diese »Kuhlen«, und bewegen Sie die Finger dabei etwas hin und her.

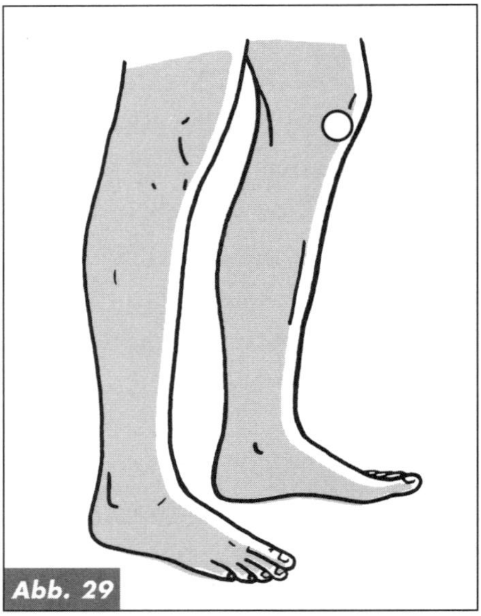
Abb. 29

# FINGER WEG VON »SCHLANKMACHERN« – AKUPRESSUR HILFT

Seit Jahren hören wir von »garantiert erfolgreichen Entfettungskuren«, von »verblüffend rasch wirkenden Abmagerungsmitteln«, die alle überflüssigen Pfunde schnell, mühelos und sicher dahinschwinden lassen. Von einigen »Schlankmachern« wird sogar behauptet, man könne während ihrer Anwendung ruhig essen, soviel man wolle, oder man brauche auf den Kaloriengehalt der Speisen überhaupt nicht zu achten.

Die bittere Wahrheit ist jedoch, daß viele Schlankheitsmittel nur für Frustration sorgen. Denn was nützt es, wenn Sie mit Hilfe der angeblichen »Wunderkuren« neun Tage lang täglich ein Pfund abnehmen – und vom zehnten Tag an prompt ebenso viel wieder zunehmen? Genau das geschieht aber in vielen Fällen.

Wie entsteht Übergewicht? Die einfache These, daß nur Speck ansetzt, wer alles maßlos in sich hineinstopft, ist längst widerlegt. Statt dessen haben neue Studien gezeigt, daß Dicke keineswegs immer mehr essen als Normalgewichtige. Umgekehrt gibt es dünne Menschen, die futtern können, was sie wollen, und trotzdem schlank bleiben. Nach wissenschaftlichen Erkenntnissen, ist die Neigung, Fett zu speichern, individuell sehr verschieden.

Die Veranlagung zu Übergewicht wird einem schon in die Wiege gelegt: Es liegt an den Genen, ob man ein schlech-

ter oder ein guter Futterverwerter – und damit schneller dick – wird. Wer viel ißt und trotzdem dünn bleibt, setzt die überzähligen Kalorien sofort in Wärme um. Die guten Futterverwerter können das nicht, statt dessen werden die entbehrlichen Kalorien in Fettdepots »gebunkert«. Jedes Häppchen zuviel kommt der Speckrolle zugute.
Aber Vorsicht: Eine zu starke Leibesfülle beeinträchtigt nicht nur das Aussehen, sie ist auch ein ernstzunehmendes Gesundheitsrisiko! Herz, Kreislauf, Wirbelsäule und Gelenke werden überbelastet, außerdem wird die Entstehung von Gicht, Gallensteinen und Magen- und Darmbeschwerden begünstigt. Dicke Menschen haben wesentlich öfter Bluthochdruck, Diabetes oder zu hohe Cholesterin- und Harnsäurewerte.

Wann aber ist man zu dick? Die einfachste Formel lautet: Körpergröße in Zentimetern minus 100. Wenn Sie 10 Prozent mehr oder weniger wiegen, ist das in Ordnung. Sollten Sie aber 15 bis 20 Prozent mehr auf die Waage bringen, wird es kritisch, und Sie sollten abnehmen.

Das Problem liegt dann aber nicht nur darin, überflüssige Pfunde loszuwerden. Viel wichtiger – und viel schwieriger – ist es, sie nicht wieder anzusetzen! Das heißt natürlich in erster Linie, daß Sie darauf achten müssen, nicht zu viel zu essen. Je älter Sie werden, desto strenger müssen Sie dabei leider mit sich sein, denn sobald Sie das 25. Lebensjahr überschritten haben, verbraucht Ihr Organismus alle zehn Jahre fünf Prozent weniger Kalorien. Das heißt, Sie dürfen mit 25 ohne Bedenken täglich 2500 Kalorien zu sich nehmen, aber mit 45 Jahren nur noch 2250. Nicht umsonst neigen viele Menschen im mittleren Alter zu dem bekannten Fettansatz.

Statt es immer mal wieder mit einer der gepriesenen »Abmagerungsdiäten« zu probieren, sollten Sie mit einem auf lange Sicht berechneten, wirklich durchführbaren Plan an die Gewichtsabnahme herangehen. Dabei gibt es nur einen richtigen Weg, nämlich von kalorienreichen Nahrungsmitteln weniger zu essen, sie aber nicht völlig zu vermeiden. Meiden Sie schwere Süßspeisen, und schränken Sie auch den Fettkonsum ein – aber nicht zu sehr, denn etwas Fett braucht der Körper. Das gleiche gilt für Kohlehydrate und Eiweiß. Wenn Sie sich von Ihrem gesunden Menschenverstand leiten lassen und Ihre Bemühungen mit Akupressur unterstützen, stellt sich der Erfolg noch schneller ein.

## Akupressur gegen Übergewicht

Zur Entwässerung...

### *Akupressur des Unterbauchs*

- Legen Sie sich bequem auf den Rücken, und suchen Sie einen Punkt, der sich zwei Fingerbreit unter Ihrem Bauchnabel befindet. Jetzt drücken Sie mit dem Mittelfinger fünfmal hintereinander so kräftig auf diese Stelle, daß es etwas schmerzt.
- Diese Behandlung bewirkt, daß Ihr Körper von Wasseransammlungen befreit wird. Führen Sie sie jeweils eine Stunde nach jedem Essen durch.

Sind Sie die überflüssigen Pfunde los und haben Ihr Normalgewicht wieder erreicht – wieviel dürfen Sie dann essen, um dieses Gewicht zu halten? Das kommt auf Ihre tägliche

Arbeit an. Sitzen Sie den ganzen Tag im Büro, verbraucht Ihr Organismus kaum mehr als 33 Kalorien pro Kilogramm Ihres Gesamtgewichts. Um zu erfahren, wieviel Sie ohne Gewichtszunahme essen dürfen, müssen Sie Ihr Körpergewicht also mit 33 multiplizieren. Wiegen Sie beispielsweise 60 Kilogramm und wollen Sie dieses Gewicht halten, sollten Sie täglich nicht mehr als 1980 Kalorien zu sich nehmen. Bei schwerer körperlicher Belastung ist der Kalorienverbrauch natürlich höher, und Sie dürfen mehr essen.

Auch mit Bewegung können Sie sich vor Gewichtszunahme schützen. Bei einem einstündigen, flotten Spaziergang werden zum Beispiel 300 Kalorien in Energie umgesetzt. Wenn Sie sich also genug Bewegung verschaffen, dürfen Sie sich beim Essen etwas mehr Freiheit gestatten.

Nicht der Hunger ist der größte Feind einer schlanken Linie. Vielmehr sorgt der Appetit für unerwünschte Polster. Und diese Eßlust können Sie mit Akupressur unterdrücken!

Bei übermäßigem Appetit …

## *Akupressur der Oberarme*

- Suchen Sie die Mitte auf einer gedachten Linie zwischen dem Ellenbogen und der Schulter an Ihrem linken Arm. Hier, in der Mitte der Armaußenseite, befindet sich ein Punkt, den Sie mit dem Mittel- oder Zeigefinger zwei Minuten lang kräftig und mit kreisförmigen Bewegungen massieren sollten (Abb. 30). Anschließend behandeln Sie Ihren rechten Arm auf dieselbe Weise.
- Wiederholen Sie diese Behandlung, sobald Ihr Appetit sich meldet.

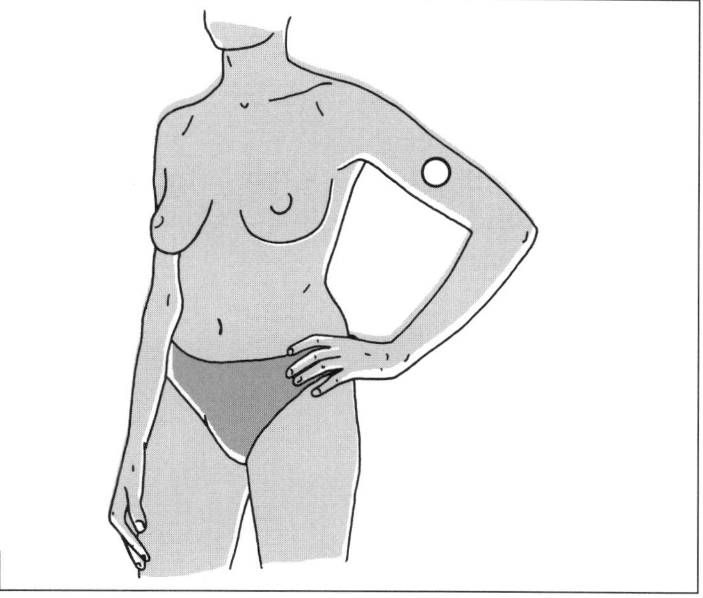

Abb. 30

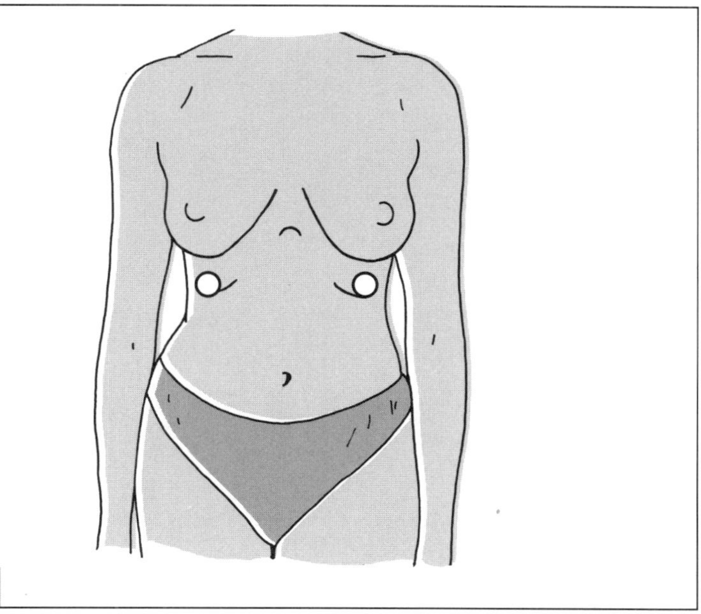

Abb. 31

## *Akupressur des Brustkorbs*

- Suchen Sie mit Ihren Daumen nach zwei Punkten, die sich unterhalb der Brustwarzen im letzten Rippenzwischenraum befinden (Abb. 31). Massieren Sie diese Punkte zwei Minuten lang mit kreisförmigen Bewegungen unter sanftem Druck.
- Führen Sie diese Akupressur jeweils eine halbe Stunde vor jeder Mahlzeit durch.

# WENN IHNEN SCHWEISSAUSBRÜCHE UND FEUCHTE HÄNDE ZU SCHAFFEN MACHEN

Schon im Altertum erkannte man den therapeutischen Wert des Schwitzens und wußte ihn genau einzusetzen. Paracelsus, der berühmte Arzt des Mittelalters, nannte den Schweiß ein »Exkrement des Blutes«. Und damit hatte er den Nagel auf den Kopf getroffen, denn beim Schwitzen scheidet der Mensch eine Menge von Schlackenstoffen aus, so daß sich der Körper auf natürliche Weise reinigen kann.

Da wissenschaftlich nachgewiesen ist, wie wichtig die Transpiration für die Entgiftung des Körpers ist, liegt natürlich die Überlegung nahe, durch gezieltes Schwitzen eine regelmäßige Selbstreinigung des Körpers zu provozieren. Andererseits kann übermäßiges Schwitzen auch zur Plage werden. Wer hat es schon gerne, wenn sich nach der kleinsten Bewegung Tropfen auf Stirn oder Körper bilden, von den häßlichen Flecken auf der Kleidung ganz zu schweigen. Mit Hilfe der Akupressur können Sie Ihre Schweißausbrüche verringern.

# Akupressur gegen Schweißausbrüche

## *Akupressur des Kopfes*

- Ertasten Sie mit den Zeigefingern einen Punkt, der sich in Ohrläppchenhöhe etwa einen Fingerbreit hinter Ihren Ohren am Schädel befindet, und massieren Sie diesen Punkt gleichzeitig auf beiden Seiten etwa drei Minuten lang mit kreisförmigen Bewegungen (Abb. 32).
- Eine kräftige Akupressur der rechten Seite bewirkt, daß ein akuter Schweißausbruch schnell zum Stoppen kommt. Setzen Sie die linke Seite stärker unter Druck, hat dies eine vorbeugende Wirkung, und der nächste Schweißausbruch wird länger auf sich warten lassen.

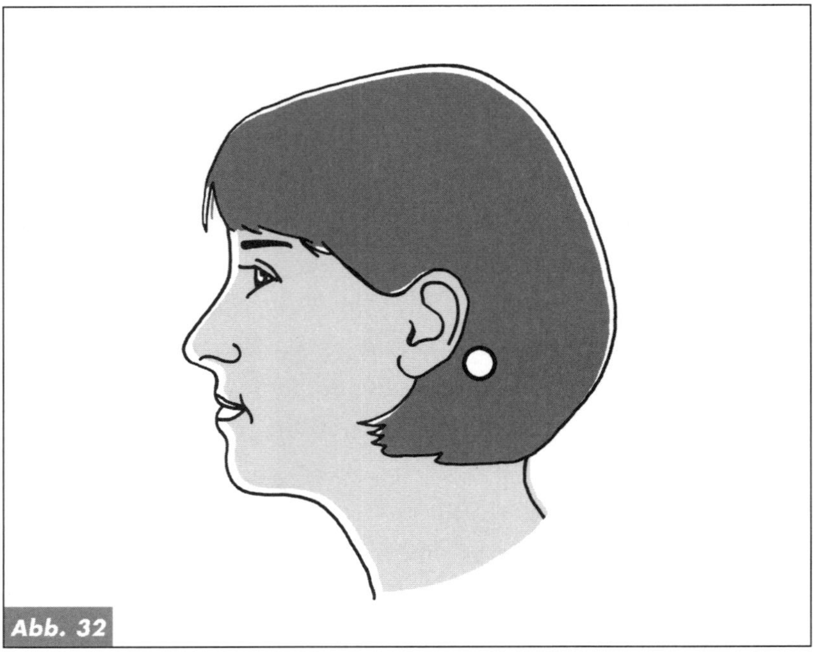

Abb. 32

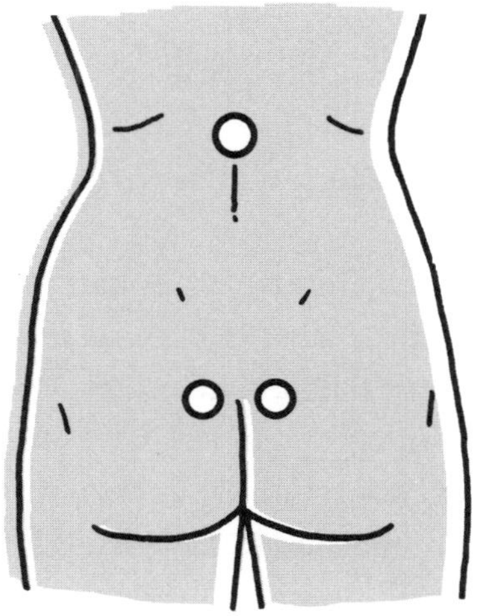

Abb. 33

*Partnermassage am Rücken*

- Legen Sie sich bequem auf den Bauch, und lassen Sie Ihren Partner nach einem Punkt suchen, der sich zwischen dem zweiten und dritten Lendenwirbel befindet. (Der zweite Lendenwirbel befindet sich da, wo die Rippen enden, der dritte etwas weiter unten.) Diese Stelle muß mit dem Zeige- und Mittelfinger mindestens drei Minuten lang nach oben massiert werden.
- Danach wird der verlängerte Rücken behandelt, und zwar dort, wo die Gesäßfalte endet. Hier muß Ihr Partner zwei Punkte, die einen Fingerbreit links und rechts vom Faltenansatz liegen, mit beiden Daumen gleichzeitig nach unten massieren.
- Diese Behandlung sollte zweimal täglich durchgeführt werden, und zwar bevorzugt morgens und abends.

# Handschweiß

Für eine spezielle Form des Schwitzens sind obige Akupressuren allerdings nicht geeignet. Gerade diese Art der Transpiration kann aber außerordentlich lästig und peinlich sein: der Handschweiß.

Vielleicht kommt Ihnen das bekannt vor: Sie möchten einem Menschen die Hand geben, scheuen aber davor zurück, weil Ihre Handflächen geradezu triefen. Zwar haben Sie vorher Ihre Hände gewaschen, weil Sie sich Ihres Leidens bewußt sind, aber nun sind sie schon wieder klatschnaß – und wenn Sie bemerken, daß sich Ihr Gegenüber nach der Begrüßung die Hand abwischt, möchten Sie vor Scham im Boden versinken.

Handschweiß hat überwiegend seelische Ursachen. So kann der Umgang mit fremden Menschen eine tiefe innere Unsicherheit bewirken. Dann sind die Nerven zum Zerreißen gespannt, dazu gesellt sich die Angst, daß die Hände zu schwitzen beginnen, was die Anspannung noch mehr erhöht – mit dem Erfolg, daß die Handflächen wieder naß werden. Mit Akupressur können Sie es schaffen, diese Anspannung zu reduzieren und damit das Schwitzen zu verhindern.

# Akupressur gegen Handschweiß

## *Akupressur der Knie*

- Wenn Sie wissen, daß Ihnen ein »aufregendes« Treffen bevorsteht, eignet sich folgende Behandlung:

- Setzen Sie sich auf einen Stuhl, legen Sie beide Hände mit geschlossenen Fingern auf die Knie, und massieren Sie zwei Minuten lang kräftig jene Punkte, die genau unter Ihren Ringfingern liegen (Abb. 34).
- Schon bald werden sich Ihre Hemmungen legen, und die Hände bleiben trocken.

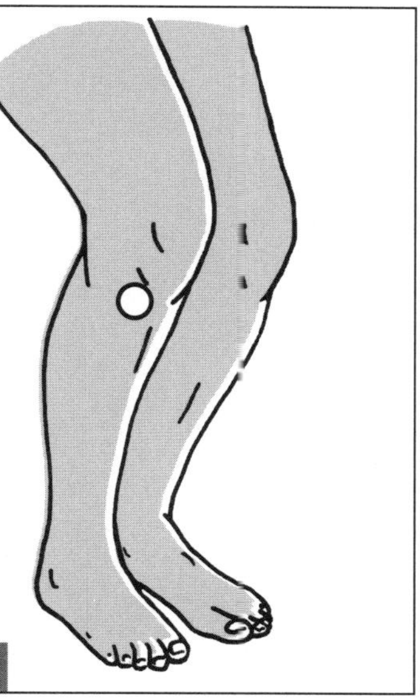

Abb. 34

## *Akupressur der Ohrläppchen*

- Kommt es dagegen zu einem unerwarteten Zusammentreffen, ist das auch kein Grund, vor Befangenheit die Flucht zu ergreifen.
- Nehmen Sie Ihr rechtes Ohrläppchen zwischen Daumen und Zeigefinger der rechten Hand, und massieren Sie es mit dem Zeigefinger zwei Minuten lang nach oben.
- Anschließend massieren Sie das linke Ohrläppchen auf dieselbe Weise, jedoch nach unten.
- Danach können Sie Ihrem Gegenüber zwanglos Ihre trockene(!) Hand reichen und ganz locker mit ihm parlieren, weil Sie keine Unsicherheit mehr spüren.

# VOM PO
# BIS ZU DEN
# FÜSSEN

# BREITE HÜFTEN? DICKE SCHENKEL? WEG DAMIT!

Kennen Sie das? Sie möchten sich ein Kleid kaufen, und wenn die Verkäuferin nach Ihrer Konfektionsgröße fragt, werden Sie unsicher. »Also, obenrum habe ich Größe X«, sagen Sie schließlich, »aber unten...«, dabei deuten Sie auf Ihr Becken, »...wäre eine Nummer größer wohl eher angebracht!«

Mit diesem Problem stehen Sie nicht allein. Vielen Frauen machen zu stark geratene Hüften und Oberschenkel zu schaffen.

Zweifellos lösen oft hormonell gesteuerte Stoffwechselstörungen im Unterhautgewebe die einseitige Überladung bestimmter Körperabschnitte mit Fettgewebe – bei den Frauen vor allem in der Hüftgegend – aus. Daß Hormone damit zu tun haben, hat unter anderem die Antibabypille bewiesen: Ein beachtlicher Prozentsatz der Frauen, die sie einnahm, ging untenrum »in die Breite«.

## Massagen und Gymnastik

Aber was soll eine Frau tun, die mit ihren Hüften und Schenkeln nicht einverstanden ist? Soll sie örtlich wirksame Salben anwenden, die den Gewebestoff anregen? Vorsicht – viele solcher Präparate, die einmassiert werden, enthalten Hormone! Und die wiederum sind nicht ohne Nebenwirkungen!

Unbedenklich ist dagegen eine örtliche Massage. Dazu brauchen Sie aber ein Gerät mit Rollen oder Walzen, die Sie kräftig über Ihre Oberschenkel reiben. Schlammpackungen gegen starke Hüften scheinen ebenfalls gut geeignet, weil sie ungefährliche, hormonähnliche Stoffe enthalten, die den Stoffwechsel anregen. Gut wirkt auch folgende Übung:

### *Gymnastik für die Oberschenkel*

- Legen Sie sich in Seitenlage auf einen Teppich oder eine bequeme Unterlage, und spreizen Sie das oben liegende gestreckte Bein zwei bis drei Handbreit nach oben ab. Halten Sie die Spannung, zählen bis fünf und lassen das Bein dann wieder locker fallen. Nach einer Pause – am besten, Sie zählen bis 20 – heben Sie das Bein wieder an.
- Heben Sie Ihr Bein sechsmal an, bevor Sie sich auf die andere Seite drehen und die Übung wiederholen.

Diese Gymnastik kann wirken, muß aber nicht. Auf jeden Fall sind unerwünschte Nebenwirkungen nicht ausgeschlossen, denn sobald die Oberschenkel und Hüften zu stark belastet werden, könnten sich kräftige Muskeln entwickeln. Und das ist nicht gerade der Sinn der Sache.

## Akupressur gegen breite Hüften und dicke Schenkel

Ohne jegliche Nebenwirkungen ist dagegen die Behandlung der lästigen »Breitseiten« mit einer Akupressur, die von der traditionellen chinesischen Medizin eigentlich gegen Lendenschmerzen entwickelt wurde. Daß bei dieser Behandlung auch die Muskeln gestrafft und das Fett an den Hüften abgebaut werden, ist ein positiver Nebeneffekt.

Sorgen Sie zunächst für eine angenehme Raumtemperatur, denn abgesehen vom Drehen sollten die folgenden Übungen im unbekleideten Zustand durchgeführt werden. Außerdem ist es wichtig, daß Sie stets ruhig und gelassen bleiben – mit Hektik werden Sie kaum etwas erreichen.

Führen Sie die folgenden Übungen in der beschriebenen Reihenfolge nacheinander aus.

### *Reiben*

- Setzen Sie sich aufrecht auf einen Hocker, und spreizen Sie die Beine so weit, daß Ihre Füße schulterbreit voneinander entfernt auf dem Boden stehen.
- Reiben Sie die Hände aneinander, bis sie warm sind. Dann legen Sie Ihre Handflächen auf den unteren Rükken, und zwar jeweils drei bis vier Fingerbreit links und rechts neben dem zweiten und dem dritten Lendenwirbel. (Der zweite Lendenwirbel befindet sich auf Höhe der untersten Rippe.)
- Massieren Sie die unter den Mittelfingern liegenden Stellen drei bis vier Atemzüge lang kreisförmig.
- Reiben Sie mindestens sechsunddreißigmal kräftig mit den Handtellern seitlich der Lendenwirbel auf und ab, und zwar v-förmig von dem Punkt, der sich zwischen der Spitze des Steißbeins und dem After befindet, bis zu den Stellen, die Sie zuvor akupressiert haben (Abb. 35).

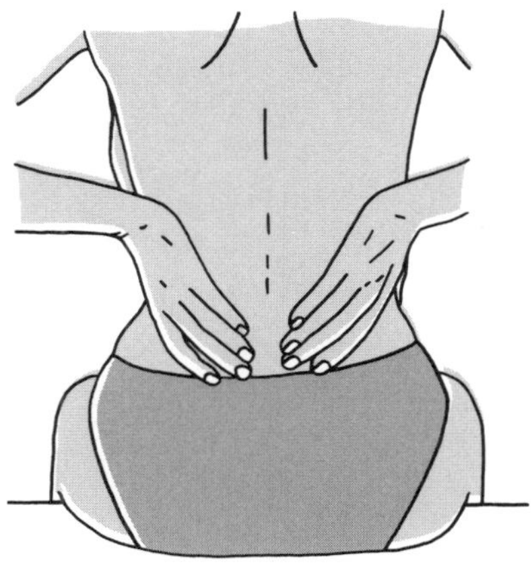

Abb. 35

## *Kneifen*

- Suchen Sie mit einer Hand einen Punkt auf Ihrer Lendenwirbelsäule zwischen den Dornfortsätzen des zweiten und des dritten Lendenwirbels. Nehmen Sie die Haut zwischen Daumen und Zeigefinger, und kneifen Sie einmal kräftig. Anschließend lassen Sie wieder locker und rücken jeweils einen Fingerbreit tiefer, bis Sie am Steißbein angelangt sind. Danach fangen Sie wieder oben an (Abb. 36).
- Bearbeiten Sie auf diese Art Ihre untere Rückenpartie insgesamt viermal von oben nach unten.

## *Massieren*

- Ballen Sie beide Hände zu lockeren Fäusten und legen diese, Handrücken zum Rücken gewandt, drei bis vier

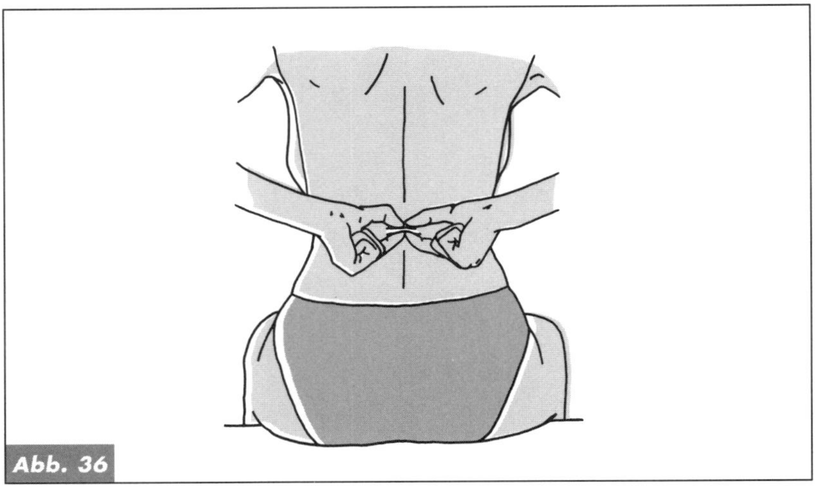

Abb. 36

Fingerbreit links und rechts neben den zweiten und den dritten Lendenwirbel. Pressen Sie Ihre Knöchel gegen den Rücken und massieren die Region kreisförmig und mit kräftigem Druck.

- Massieren Sie insgesamt achtzehnmal im und achtzehnmal gegen den Uhrzeigersinn.
- Wenn es Ihnen schwerfällt, diese Massage gleichzeitig mit beiden Händen durchzuführen, können Sie die Behandlung auch zuerst auf der linken und danach auf der rechten Seite durchführen.

## *Klopfen*

- Ballen Sie Ihre Hände erneut zu lockeren Fäusten, und legen Sie diese auf Ihren unteren Rücken, dieses Mal aber mit vom Rücken abgewandten Handrücken. Ihre Fingerkuppen liegen eine Handbreit oberhalb der Ge-

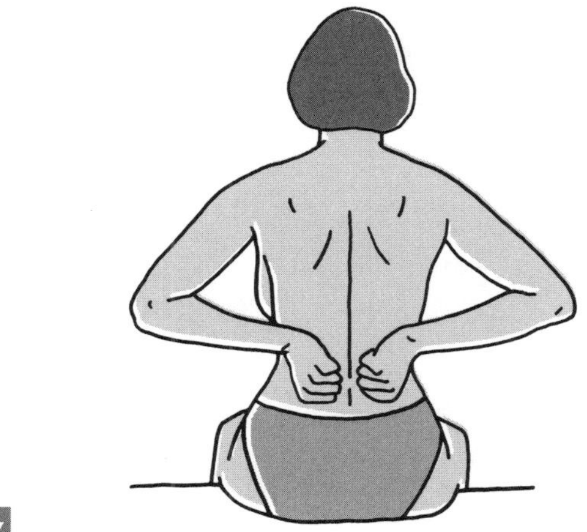

Abb. 37

säßfalte. Rücken Sie dann je zwei Fingerbreit nach links und rechts, und beklopfen Sie diese Region ganz leicht mit allen Fingern (Abb. 37). Aber nur ganz leicht, es darf nicht weh tun!

- Klopfen Sie sechsunddreißigmal auf jeder Seite.

## *Kratzen*

- Legen Sie Ihre Hände links und rechts auf den Beckenkamm. Die Ellenbogen sind nach außen gerichtet, die Daumen zeigen nach vorne, während die Finger auf dem Rükken liegen. Kratzen Sie nun mit allen Fingerkuppen, und zwar so kräftig, daß die Haut auf beiden Seiten von den Lendenwirbeln weg nach außen gezogen wird (Abb. 38).
- Machen Sie dies ebenfalls je sechsunddreißigmal, und achten Sie darauf, daß Ihre Fingernägel kurz geschnitten sind, damit Sie Ihre Haut nicht verletzen!

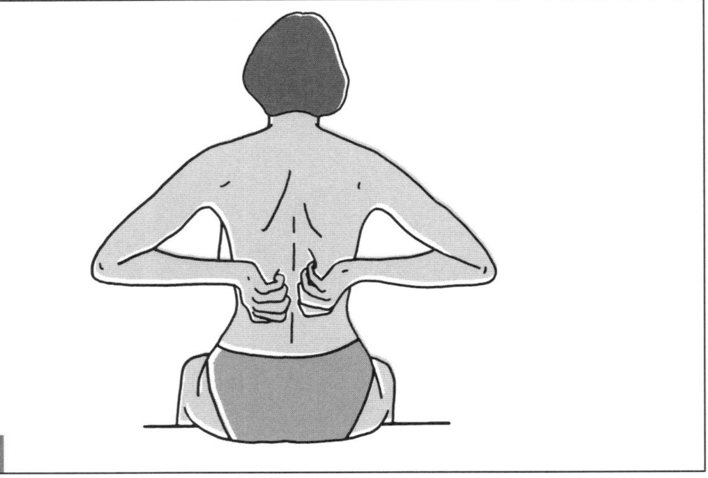

Abb. 38

## *Drehen*

- Stehen Sie aufrecht mit schulterbreit voneinander entfernten Füßen, und stützen Sie Ihre Hände auf dem Beckenkamm ab, so daß Ihre Daumen nach hinten zeigen. Jetzt lassen Sie Ihren Oberkörper in vier Schritten kreisen:

1. Drücken Sie mit beiden Daumen energisch in Ihren Rükken, und beugen Sie dabei Ihren Oberkörper nach hinten.
2. Pressen Sie die linke Hand kräftig in die linke Taille, und biegen Sie den Oberkörper so weit wie möglich nach links.
3. Drücken Sie mit den Fingern in Ihren Bauchraum, so daß Sie sich unwillkürlich nach vorne beugen, während Sie den Po nach hinten ausstrecken.
4. Pressen Sie die rechte Hand in die rechte Taille, und biegen Sie den Oberkörper so weit wie möglich nach rechts.

- Lassen Sie Ihren Körper insgesamt neunmal im und neunmal gegen den Uhrzeigersinn kreisen.

# AKUPRESSUR BEKÄMPFT AUCH ZELLULITE

Es gibt viele junge Mädchen und Frauen, die eigentlich ganz zufrieden mit ihrem Äußeren sind – mit dem Gesicht, mit dem Busen, mit den Waden. Wenn nur die häßlichen Wülste um die Hüften nicht wären, das »faule Fleisch« an den Oberschenkeln, das schlaffe Gewebe am Oberarm.

Bei der Zellulite handelt es sich um eine mangelhafte »Unterpolsterung« der Haut, die nur bei Frauen auftritt. Das männliche Unterhautzellgewebe ist nämlich – wie Bindegewebsforscher sagen – »doppelt genäht«. Die weibliche Haut ist dagegen nicht so straff, damit sich der Leibesumfang während der Schwangerschaft beliebig vergrößern kann, ohne daß die Haut spannt oder gar platzt. Vor allem Oberschenkel, Bauch und Po sind als Dehnungszone vorgesehen. Zudem können sich in diesen Regionen zum Schutz des im Mutterleib wachsenden Kindes dicke Fettpolster bilden.

Fachleute unterscheiden zwischen einer »richtigen« und einer »falschen« Zellulite, die ähnlich aussieht, aber keine ist.

So erkennen Sie eine »falsche« Zellulite: Der erste Anhaltspunkt ist der Körperbau. Wenn Sie ein ausgesprochen »weiblicher« Typ sind mit runden Hüften, rundem Po und vollen Brüsten, dann sind Sie für die »falsche« Zellulite geradezu prädestiniert. Aber nur dann, wenn Sie zuviel essen, wenn Sie übergewichtig sind. Dann plustert sich die Haut auf, die Fettzellen werden größer, die Löcher dazwischen automatisch tiefer. Auch ohne »Kneiftest« zeichnet sich das gefürchtete Orangenmuster dann auf der Haut ab.

Diese »falsche« Zellulite ist also im wesentlichen eine Folge des Übergewichtes. Was allerdings auch zur »falschen« Zellulite zählt und was jede Frau, sei sie dick oder dünn, bekommen kann, ist eine schlaffe, wabbelige, müde Haut. Wenn Sie von Natur aus kein festes Bindegewebe haben, müssen Sie früher als andere Geschlechtsgenossinnen mit dieser Erscheinung rechnen.

Auch die »echte« Zellulite läßt sich am Körperbau und Konstitutionstyp erkennen. Die Hauptmerkmale sind: oben knabenhaft, knochige Schultern, wenig Busen, unten dicke Oberschenkel voller Dellen. Erschwerend kann Übergewicht hinzukommen, es ist aber keine Voraussetzung. Auch Frauen, die kein Gramm zuviel, eher ein paar Kilos zuwenig haben, können so aussehen.

Wie ist das möglich? Die Hormone sind schuld. Sie werden von den endokrinen Drüsen abgegeben, unter anderem von der Schilddrüse, den Nebenschilddrüsen, den Keimdrüsen und den Nebennieren. Es handelt sich dabei um in kleinsten Mengen produzierte Stoffe, die unseren Körper in Wachstum, Funktion und Stoffwechsel beeinflussen. Kommt der »Hormonspiegel« aus dem Gleichgewicht, kann sich das auch auf die Haut auswirken.

Mit der Akupressur können Frauen des zuletzt beschriebenen Typs ihren Hormonspiegel wieder ins Gleichgewicht bringen und damit der Zellulite entgegenwirken. Weitere Merkmale, an denen Sie erkennen können, ob Sie zu diesem Typ von Frauen zählen, sind dünnes Haar, fettige Haut und ein Damenbart über der Oberlippe.

# Akupressur gegen »echte« Zellulite

## *Akupressur der Finger*

- Pressen Sie mit Daumen und Zeigefinger der rechten Hand die Kuppe des linken Daumens dreimal hintereinander so fest wie möglich zusammen, und ziehen Sie den Daumen gleichzeitig in die Länge. Behandeln Sie anschließend alle Fingerkuppen der linken Hand der Reihe nach auf dieselbe Weise. Wiederholen Sie die gesamte Behandlung an der rechten Hand.
- Führen Sie diese Akupressur dreimal täglich durch.

## *Akupressur der Unterschenkel*

- Setzen Sie sich auf einen Stuhl, legen Ihren linken Fuß auf Ihren rechten Oberschenkel und suchen einen Punkt, der eine Handbreit oberhalb des inneren Knöchels liegt. Üben Sie kräftigen Druck auf diesen Punkt aus, bis Sie einen Schmerz verspüren. Behandeln Sie das rechte Bein auf dieselbe Weise.

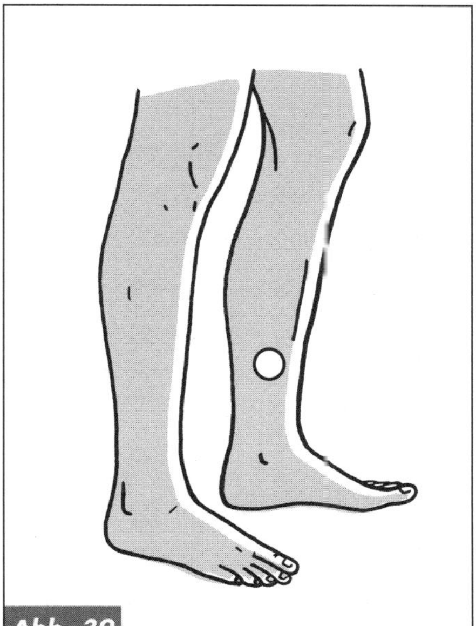

Abb. 39

- Führen Sie diese Behandlung ebenfalls dreimal am Tag durch.

## Gymnastik gegen »richtige« und »falsche« Zellulite

Ob »richtige« oder »falsche« Zellulite – Sie müssen sich bewegen! Nicht umsonst beginnen die zellulitischen Veränderungen in den meisten Fällen an den Oberschenkeln und am Po – typisch bei Sitzberufen und allgemeiner Trägheit. Die wirksamsten Sportarten sind Jogging, Schwimmen und Radfahren. Außerdem kann folgende Gymnastik, die speziell auf die Problemzonen zielt, der Zellulite den Garaus machen:

### *Den Oberkörper nach hinten beugen*

- Knien Sie auf dem Boden, lassen Sie die Arme baumeln, oder stützen Sie die Hände in die Taille. Kneifen Sie Bauch-, Becken- und Pomuskulatur fest zusammen, und beugen Sie den Oberkörper nach hinten, ohne dabei ins Hohlkreuz zu gehen. Halten Sie die Spannung für einen Moment und richten sich dann wieder auf.
- Machen Sie diese Übung fünfmal hintereinander.

### *Auf dem Bauch schaukeln*

- Legen Sie sich auf den Bauch, beugen Sie die Knie an, und umfassen Sie Ihre Fußgelenke fest mit beiden Händen. Ihr Kinn heben Sie dabei leicht an. Nun ziehen Sie fest an den Beinen, so daß sich die Oberschenkel anheben, und gehen Sie dann in eine Schaukelbewegung.

- Schaukeln Sie mindestens zehnmal hin und her. Das spannt zwar kräftig in den Oberschenkeln, ist aber auch gut für den Bauch.

### *Die Beinrückseiten trainieren*

- Gehen Sie in die Hocke, und stützen Sie die Hände auf dem Boden auf. Heben Sie langsam den Po – wobei die Hände am Boden bleiben –, und drücken Sie die Beine durch.
- Diese Übung machen Sie ebenfalls zehnmal, damit Ihre Beinrückseiten trainiert werden.

### *Die Beinvorderseiten trainieren*

- Setzen Sie sich auf einen Stuhl, und halten Sie sich seitlich fest. Strecken Sie beide Beine fest aneinandergedrückt vor, so daß sie bei durchgedrückten Knien eine Ebene mit der Sitzfläche bilden. Halten Sie die Spannung für fünf Sekunden, entspannen sich kurz und wiederholen die Übung.
- Machen Sie auch diese Übung zehnmal.

# SO VERSCHAFFEN SIE IHREN GESCHWOLLENEN KNIEN ERLEICHTERUNG

Viele Menschen leiden ab dem mittleren Lebensalter unter chronischen Kniebeschwerden, die sie oft nicht mehr loswerden. Meist sind frühzeitige Verschleißerscheinungen an den Kniegelenken daran schuld, daß die Kniegelenke bei bestimmten Bewegungsbelastungen anschwellen und Schmerzen auftreten.

Auch eine übermäßige sportliche Beanspruchung in jungen Jahren wie beispielsweise allzu rasantes alpines Skifahren oder andere verletzungsträchtige Sportarten wie schnelle Ballspiele können die Knie so strapazieren, daß später selbst ganz natürliche Bewegungen wie Gehen, Treppensteigen, Hinsetzen oder Aufstehen zur Qual werden.

Denn Entzündungen, Ergüsse und Arthrosen im Kniegelenk verursachen meist heftige Schmerzen. Das Kniegelenk ist nämlich nicht nur das größte, sondern auch das am höchsten belastete »Scharnier« des Körpers und deshalb besonders anfällig für Erkrankungen.

Ernsthafte Knieverletzungen gehören natürlich unbedingt in die Hände erfahrener Ärzte – mit einer Selbstbehandlung läßt sich da wenig ausrichten. Doch sollten Ihre Knie »nur« wegen Ihres Übergewichts anschwellen und schmerzen, können Sie sich mit Akupressur Erleichterung verschaffen.

# Akupressur bei schmerzenden Knien

Für die nachstehend beschriebenen Akupressuren gilt: Akupressieren Sie stets beide Knie oder Ohren, auch wenn Ihre Beschwerden nur an einem Knie auftreten. Setzen Sie die Behandlungen außerdem noch einige Wochen fort, wenn die Schmerzen und Schwellungen an Ihren Knien abgeklungen sind.

## *Akupressur der Knie*

- Setzen Sie sich auf einen Stuhl, und legen Sie Ihre rechte Hand mit weit gespreizten Fingern auf das rechte Knie. Genau unter der Spitze Ihres Ringfingers befindet sich eine Mulde, in die Sie zehnmal kräftig hineindrücken und die Sie gleichzeitig nach unten massieren (Abb. 40). Anschließend behandeln Sie Ihr linkes Knie auf dieselbe Weise.
- Führen Sie diese Akupressur je nach Stärke Ihrer Schmerzen zwei bis fünfmal täglich durch.

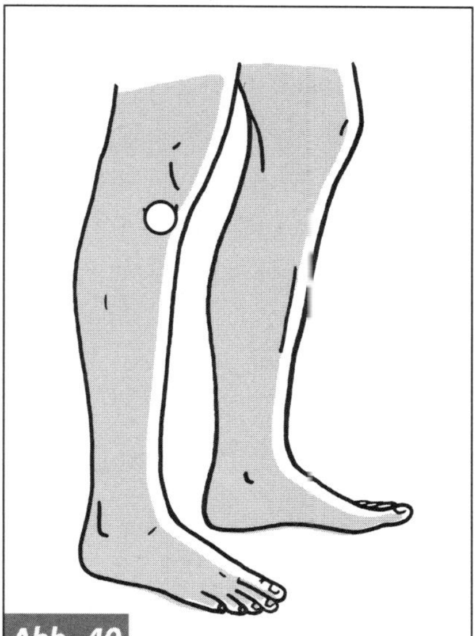

Abb. 40

### *Akupressur der Kniekehlen*

- Stellen Sie sich mit durchgedrückten Knien hin, und ertasten Sie mit Ihren beiden Mittelfingern die Mitte Ihrer Kniekehlen. Massieren Sie diese Punkte an beiden Beinen gleichzeitig mit energischem Druck nach unten.
- Führen Sie diese Behandlung mindestens drei, besser fünf Minuten lang durch, und zwar dreimal am Tag, auch wenn die Knie gerade nicht geschwollen sind oder weh tun.

### *Ohr-Akupressur*

- Suchen Sie im vorderen Bereich Ihrer linken Ohrmuschel eine Mulde, die über dem Gehörgang liegt. Massieren Sie diese Stelle zwei Minuten lang mit dem Zeige- oder Mittelfinger mit leichtem Druck in Richtung Hinterkopf.
- Anschließend akupressieren Sie ebenfalls zwei Minuten lang die gleiche Stelle an der Rückseite der Ohrmuschel ebenfalls zum Hinterkopf hin.
- Behandeln Sie danach dieselben Stellen an Ihrem rechten Ohr, massieren Sie hier aber beide Male in Richtung Gesicht.

## Körperübungen zur Stärkung der Knie

Die traditionelle chinesische Medizin vertritt die Auffassung, daß die Sehnen der wichtigsten Muskeln der unteren Gliedmaßen, die im Bereich der Kniegelenke zusammenlaufen, regelmäßig trainiert werden müssen. Bereits vor mehreren Jahrtausenden behandelten die Chinesen erkrankte Kniegelenke mit Heilkräuterabsud, heißen Kompressen, Akupressur und bestimmten Körperübungen. Im Jahre 610 faßte der Mediziner Chao Yuanfang über zwanzig Arten von Körperübungen für die Behandlung der Kniegelenke zusammen. Diese therapeutischen Übungen werden auch im heutigen modernen China noch angewandt. In Verbindung mit Akupressur gegen Übergewicht (siehe S. 119) – die meisten Menschen mit Kniebeschwerden haben Übergewicht – haben sich die nachfolgenden Übungen besonders bewährt. Führen Sie sie regelmäßig in der angegebenen Reihenfolge durch.

**Achtung:** Wenn Ihre Knie verletzt oder aufgrund akuten Rheumas geschwollen sind, sind diese Übungen nicht für Sie geeignet.

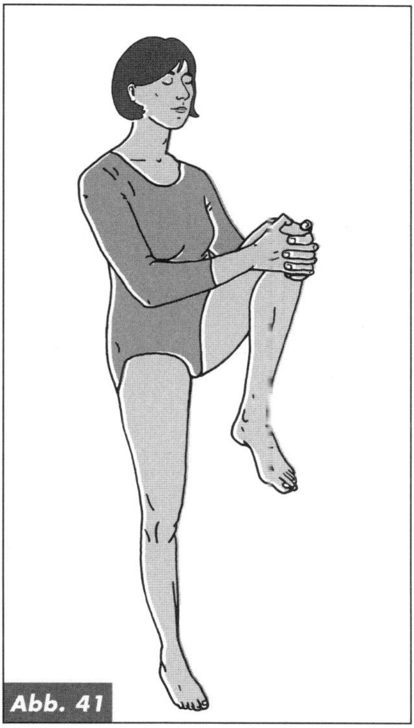

Abb. 41

## *Die Knie vor der Brust halten*

- Stellen Sie sich aufrecht hin, und entspannen Sie sich. Heben Sie das linke Bein an, beugen Ihr Knie, umschlingen es mit beiden Händen und drücken es kräftig gegen die Brust. Nach etwa einer Minute lockern Sie den Griff, setzen das linke Bein wieder auf dem Boden ab und machen die gleiche Übung mit dem rechten Bein

- Wiederholen Sie diese Übung zehn- bis zwölfmal.
- Wenn Sie beim Stehen auf einem Bein Schwierigkeiten mit dem Gleichgewicht haben, können Sie diese Übung auch liegend auf dem Fußboden oder im Bett durchführen. Wichtig ist, daß Sie das jeweilige Knie mit beiden Händen fest umfassen und so eng wie möglich zu Ihrer Brust heranziehen (Abb. 41).

## *Die Knie im Kreis drehen*

- Stehen Sie mit geschlossenen Beinen, die Knie zu einer »Halb-Hocke«-Stellung gebeugt. Legen Sie beide Hände auf die Oberschenkel, und drehen Sie Ihre Knie leicht im Kreis – zunächst im Uhrzeigersinn, dann anders herum; immer abwechselnd, jeweils zwölf- bis fünfzehnmal (Abb. 42). Achten Sie darauf, daß Sie die Bewegungen nicht zu hektisch oder gewaltsam ausführen.

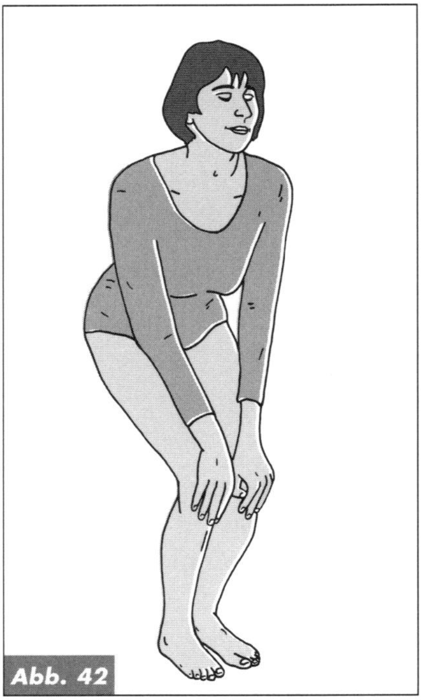

Abb. 42

- Diese Übung stärkt die Bänder der Kniegelenke und hat auch bei der Behandlung von chronischem Rheumatismus gute Erfolge gezeigt.

### *Kniebeuge*

- Stehen Sie aufrecht mit schulterbreit voneinander entfernten Füßen. Legen Sie beide Hände auf die Knie, und gehen Sie ganz langsam in die Hocke, bis Ihr Po so nah wie möglich zu den Unterschenkeln kommt. Bleiben Sie etwa zehn Sekunden in dieser Position, und erheben Sie sich ebenso langsam, wie Sie sich niedergelassen haben.
- Trainieren Sie Ihre Knie auf diese Weise anfangs fünf-, und wenn Sie die entsprechende Kondition bekommen haben, zehnmal. Diese Übung stählt die Muskulatur der Oberschenkel und sollte dreimal täglich durchgeführt werden.

# WENN DIE BEINE IMMER SCHWERER WERDEN

Haben Sie das auch schon mal erlebt? Sie sinken abends erschöpft in den Sessel und bemerken mit Schrecken, wie sehr Ihre Fußgelenke angeschwollen sind. Ja, Sie können sie nicht einmal mehr mit den Händen umspannen, was früher ohne weiteres möglich war – und überhaupt sehen Ihre Beine dick und häßlich aus!

Tatsächlich leiden viele Frauen, die den ganzen Tag stehen müssen, unter »schweren Beinen«. Auch Männer bleiben von diesem durch venöse Stauungen verursachten Leiden nicht verschont, doch sie sind lange nicht so häufig davon betroffen. Der Grund dafür ist, daß venöse Stauungen in fast allen Fällen die Folge einer Bindegewebsschwäche in den Beinen sind. Und davon sind die Frauen nun einmal ungleich häufiger befallen als Männer.

Erstes und deutliches Anzeichen einer beginnenden Stauung in den Venen sind Schweregefühle und mitunter auch schon Schmerzen in den Unterschenkeln. Bald darauf schwellen auch die Fußgelenke an, so daß beim Fingerdruck auf die Haut anschließend eine Delle zurückbleibt – ein deutliches Zeichen dafür, daß die Wasseransammlung im Gewebe zugenommen hat, also der Lymphabfluß nicht mehr gewährleistet ist.

## Allgemeine Maßnahmen gegen venöse Stauungen

- Wenn Sie unter venösen Stauungen leiden, sollten Sie eine streng kochsalzfreie Diät einhalten. Sie verhindert, daß Wasser im Gewebe gebunden wird und entlastet so Herz und Nieren.
- Trinken Sie darüber hinaus viel natriumfreies Mineralwasser oder auch Kräutertees zur Herz- und Nierenstärkung. Geeignet sind Weißdornblüten, Melissenblätter, Goldrute, Löwenzahn, Birkenblätter oder Schachtelhalmkraut.
- Wenn Sie viel stehen müssen, aber nicht andauernd herumlaufen können, wippen Sie öfter mit den Füßen. Machen Sie also abwechselnd einen Zehen- bzw. Fersenstand. So werden die Wadenmuskulatur gestärkt und die Blutzirkulation angeregt.
- Wenn Sie dagegen den ganzen Tag im Büro sitzen müssen, sollten Sie sich nicht genieren, hin und wieder die Beine auf den Schreibtisch oder ähnliches zu legen. Achten Sie aber stets darauf, daß die Tischkante die Blutzirkulation in Ihren Unterschenkeln nicht abschneidet.
- Eine einfache, wohltuende Übung können Sie sehr gut im Fitneß-Center oder bei sich zu Hause durchführen: Legen Sie sich rücklings auf den Boden, und rutschen Sie dabei so dicht an die Wand heran, daß Ihr Po die Wand berührt und Sie die Beine nach oben gegen die Wand lehnen können. Verharren Sie so lange in dieser Position, bis es in Ihren Füßen anfängt zu kribbeln Wenn Sie danach wieder aufstehen, werden Sie deutlich spüren, daß Ihre Beine viel leichter geworden sind.

- Auch lange Spaziergänge und größere Wanderungen tun Ihren geplagten Beinen gut.
- Wichtig ist außerdem, daß Sie das Füßewaschen nicht vergessen. Dabei geht es nicht vorrangig um die Hygiene. Wenn Sie bei jeder sich bietenden Gelegenheit die Beine mit kaltem Wasser abwaschen oder abduschen, ziehen sich die erweiterten Blutgefäße wieder zusammen, der Blutabfluß in Richtung Herz wird verbessert, das Bindegewebe wird gestärkt.
- Eine schnelle Erleichterung verschafft Ihnen auch Pfefferminzöl. Reiben Sie es nach einer Akupressur-Behandlung in die Beine ein oder auch, wenn Sie gerade Beschwerden haben. Sie werden wenig später eine kühlende Wirkung verspüren.

## Akupressur für schwere Beine

Da venöse Stauungen mit dem Herz-Kreislaufsystem zu tun haben, sollten Sie auch etwas zur Unterstützung von Herz und Kreislauf tun. Auch dies ist mit Akupressur möglich.

Zur Kreislaufanregung...

### *Akupressur der Handgelenke*

- Setzen Sie sich entspannt hin, und nehmen Sie sich Zeit, zur Ruhe zu kommen. Greifen Sie Ihr rechtes Handgelenk mit der linken Hand, wobei Ihr Daumen auf der Innenseite, die Finger auf der Außenseite des Armes zu liegen kommen. Suchen Sie mit Ihrem Daumen einen Punkt, der

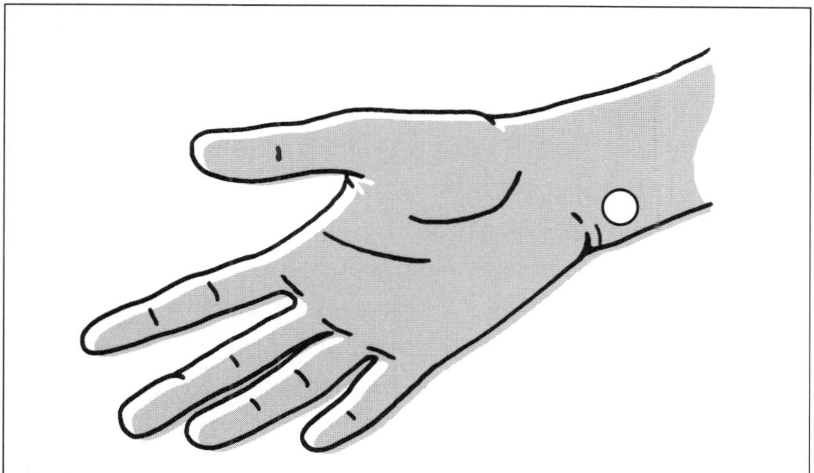

Abb. 43

sich auf der Kleinfingerseite des Handgelenkes, ein Fingerbreit von der Beugefalte entfernt in Richtung Unterarm befindet (Abb. 43). Massieren Sie diesen Punkt fünf Minuten lang kräftig in Richtung Finger. Akupressieren Sie anschließend auf die gleiche Weise Ihr linkes Handgelenk.

- Führen Sie diese Behandlung dreimal täglich durch.

## *Ohr-Akupressur*

- Tasten Sie beide Ohrläppchen gleichzeitig ab. Wenn Sie etwas höher in Richtung Gehörgang gehen, spüren Sie zwei knorpelartige Wülste und hinter diesen deutliche Vertiefungen. Benutzen Sie die Nägel Ihrer Zeigefinger, um kräftig in diese Vertiefungen »hineinzupieken« und die Haut dabei hin- und herzuschieben.
- Führen Sie diese Behandlung nur einmal am Tag durch.

Nun aber wieder zurück zu Ihren »schweren Beinen«. Hier ist es zunächst wichtig, den Blutfluß in den Venen zu verbessern und durch eine verstärkte Muskelarbeit in den Beinen dafür zu sorgen, daß das Bindegewebe gefestigt wird und die Lymphflüssigkeit besser zirkulieren kann.

Die einfachste Möglichkeit, dies zu erreichen, besteht darin, Stützstrümpfe bzw. Stützstrumpfhosen zu tragen. Damit wird ein leichter, aber andauernder Druck auf das Gewebe ausgeübt und so dafür gesorgt, daß Blut und Lymphflüssigkeit besser in Richtung Herz befördert werden können und nicht in den Füßen versacken.

Aber das ist nur eine Maßnahme, um den Umlauf des Blutes und der Lymphflüssigkeit zu steigern – eine Schmerzlinderung oder einen Schutz gegen Beinschwere werden Sie eher mit der Akupressur erreichen:

Zur Schmerzlinderung und gegen Beinschwere …

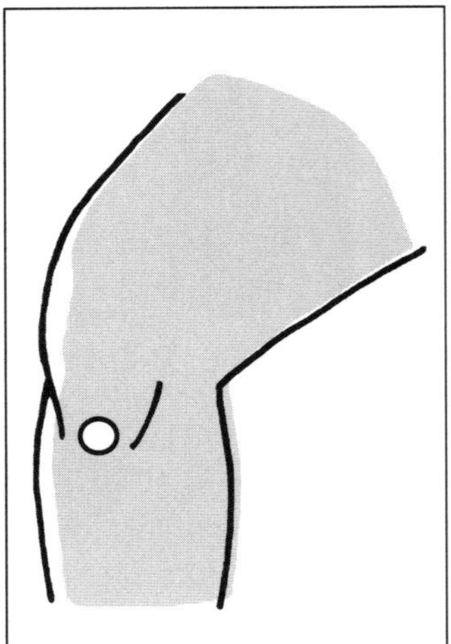

Abb. 44

Die beiden folgenden Akupressuren für die Beine sollten Sie morgens nach dem Aufstehen durchführen und möglichst alle zwei Stunden wiederholen.

### *Akupressur der Knie*

- Setzen Sie sich auf einen Stuhl, und legen Sie Ihre Hände mit geschlossenen Fingern auf Ihre Knie. In den Mulden, in denen

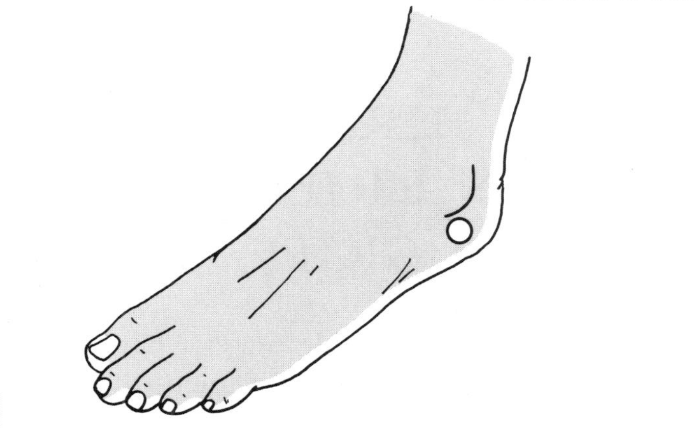

Abb. 45

jetzt Ihre Mittelfinger liegen, sind jene Akupressurpunkte, die Sie gleichzeitig an beiden Beinen mit kräftigem Druck mindestens drei Minuten lang massieren (Abb. 44).

## *Akupressur der Fußknöchel*

- Sollten Ihre Fußgelenke Probleme bereiten, können Sie einen weiteren Punkt akupressieren, der sich etwa einen Fingerbreit unterhalb des Außenknöchels befindet. Dieser Punkt läßt sich einfach finden, weil er meist ziemlich druckempfindlich ist (Abb. 45).
- Setzen Sie sich dazu am besten auf den Boden, ziehen Sie beide Füße zu sich heran und üben mit Zeige- und Mittelfingern gleichzeitig an beiden Füßen kräftigen Druck auf diesen Punkt aus und massieren die Haut dabei mit kreisenden Bewegungen. Auch wenn es schmerzhaft ist – halten Sie drei Minuten lang durch!

# AUCH IHRE KRAMPF-ADERN KRIEGEN SIE IN DEN GRIFF

Jeder dritte Erwachsene leidet unter Krampfadern, und im Durchschnitt sind doppelt soviel Frauen wie Männer betroffen. Hauptgrund ist die Belastung des Körpers durch eine Schwangerschaft. Bei Frauen, die mindestens ein Kind geboren haben, kommen deshalb Krampfadern viermal so häufig vor wie bei Männern, bei kinderlosen Frauen beträgt das Verhältnis nur 1,2 : 1.

Krampfadern beruhen oft auf einer vererbten Schwäche der Beinvenen, die dicht unter der Haut verlaufen und einen Teil des Bluts zum Herzen zurückführen. Die Venenwände sind nicht elastisch genug, sich dem Druck des Bluts anzupassen, so daß sie mit der Zeit regelrecht »ausleiern«. Dadurch weiten sich die Venen immer mehr, bis sie als Krampfadern zu sehen sind.

Ihren Namen haben die Krampfadern von einem ihrer typischen Symptome, dem Wadenkrampf. Dazu kommt es, weil die Wadenmuskulatur nicht ausreichend mit Sauerstoff versorgt wird und sich krampfartig zusammenzieht.

Neben Schwangerschaften ist es vor allem zu langes Stehen, das Krampfadern auslösen kann. Beim Stehen wird die Wadenmuskulatur nicht bewegt. Diese dient aber als eine Art Hilfspumpe für den Blutkreislauf: Jedesmal, wenn sie angespannt wird, preßt sie das Blut nach oben und treibt es zum

Herzen zurück. Bei Verkäuferinnen, Friseurinnen, Kellnerinnen und anderen Berufsgruppen, die lange stehen müssen, fällt diese Hilfspumpe aus. Das Blut fließt langsamer durch die Venen und drückt stärker auf die Venenwände – und daher kommt es bei ihnen besonders häufig zu Krampfadern.

Leider sind Krampfadern nicht nur ein lästiger Schönheitsfehler, sondern auch eine ständige Gefahr für die Gesundheit. In ihnen fließt das Blut so langsam, daß es sich jederzeit zu einem Gerinnsel zusammenklumpen kann. Dadurch werden die Wände der Venen gereizt, und es entstehen schmerzhafte Venenentzündungen, bei denen die Haut der Beine geschwollen und gerötet ist. Löst sich ein Teil des Blutgerinnsels, kann dieses über den Blutkreislauf in die Lungen gelangen und dort eine tödlich verlaufende Embolie auslösen.

Noch ehe Krampfadern zu sehen sind, gibt es sichere Anzeichen für ihr Entstehen: geschwollene Füße sowie ein Schweregefühl und ein Kribbeln in den Beinen, das die Betroffenen abends nicht zur Ruhe kommen läßt.

## Vorbeugung gegen Krampfadern

Sobald erste Anzeichen für die Entstehung von Krampfadern auftreten, ist es höchste Zeit, dem vorzubeugen.

- Am einfachsten ist es, sich hin und wieder vier- bis fünfmal nacheinander auf die Zehenspitzen zu stellen. Durch diese Anspannung der Wadenmuskulatur werden die Venen entleert, und der Rückstrom des Bluts zum Herzen wird angeregt.

- Die Beine auf den Tisch zu legen entspricht zwar nicht den feinen Sitten, ist aber gut gegen Krampfadern: Das Blut kann leicht aus den Venen abfließen und drückt nicht mehr so stark auf ihre Wände.
- Duschen Sie Ihre Beine morgens und abends kalt ab, weil sich die Venen bei Kälte zusammenziehen.
- Sorgen Sie für viel Bewegung, Massagen und eine ballaststoffreiche Ernährung, die einen geregelten Stuhlgang ermöglicht.

## Akupressur bei Krampfadern

Wenn Sie die oben genannten vorbeugenden Aktivitäten mit Akupressur unterstützen, werden Ihnen die Krampfadern nur noch wenig oder gar nicht zu schaffen machen.

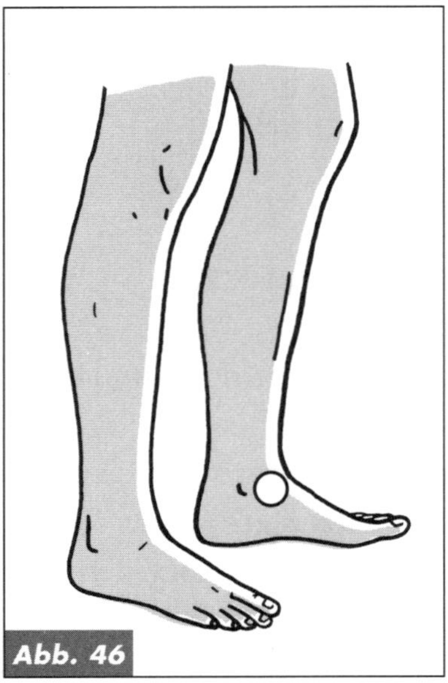

Abb. 46

Bei beschwerdefreien Krampfadern …

### *Akupressur der Füße*

- Setzen Sie sich auf einen Stuhl, legen Sie Ihren linken Fuß auf Ihren rechten Oberschenkel, und ertasten Sie mit dem rechten Zeige- oder Mittelfinger den höchsten Punkt Ihres linken Innenknöchels. Rücken Sie dann zwei Fingerbreit

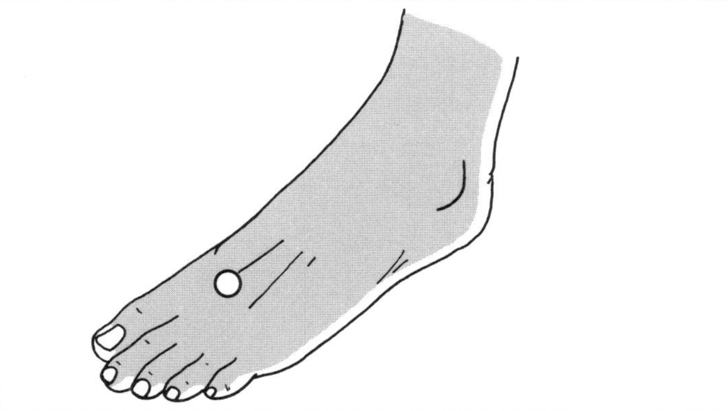

Abb. 47

nach vorne und einen Fingerbreit nach unten zum Fuß und drücken kräftig auf diesen meist druckempfindlichen Punkt. Massieren Sie ihn mit Zeige- und Mittelfinger drei Minuten lang mit energischem Druck nach oben (Abb. 46). Danach akupressieren Sie die gleiche Stelle am rechten Innenknöchel.

- Führen Sie diese Akupressur dreimal täglich durch.

Bei schmerzenden Krampfadern …

### *Akupressur der Füße*

- Setzen Sie sich auf den Fußboden oder auf eine bequeme Unterlage, ziehen Sie Ihre Beine zum Körper, und tasten Sie mit beiden Zeigefingern gleichzeitig an beiden Füßen nach einer Stelle, die sich zwischen dem großen Zeh und dem zweiten Zeh, drei Fingerbreit in Richtung Fußgelenk befindet. Rücken Sie von dort aus jeweils einen halben Fingerbreit in Richtung große Zehe, und massieren Sie diesen Punkt mindestens drei Minuten lang mit kräftigem Druck (Abb. 47).

- Vermutlich werden Ihre Schmerzen schon während der Behandlung gelindert oder sogar verschwinden. Sie sollten diese Akupressur jedoch trotzdem dreimal täglich durchführen, um zu verhindern, daß wieder Schmerzen auftreten.

## *Akupressur der Knie*

- Setzen Sie sich auf einen Stuhl, und legen Sie Ihre Hände mit geschlossenen Fingern auf Ihre Knie. Dort, wo sich jetzt Ihre Ringfinger befinden, massieren Sie gleichzeitig an beiden Knien und schieben die Haut mit kräftigem Druck nach oben (s. S. 127, Abb. 34). Tun Sie dies mindestens fünf Minuten lang.
- Führen Sie diese Akupressur dreimal täglich durch.

# WARUM SIE BESONDERS NETT ZU IHREN FÜSSEN SEIN SOLLTEN

Es ist schon imponierend, was unsere Füße leisten. Wenn Sie eine Frau sind, etwa 60 Kilogramm wiegen und beispielsweise als Verkäuferin arbeiten, tragen Ihre Füße Sie an jedem Tag etwa 15 Kilometer und nehmen dabei Schmiedehammerschläge von insgesamt 900 Tonnen Kraft hin. Sind Sie »nur« eine Hausfrau, befördern Ihre Füße Sie täglich rund zehn Kilometer und erleiden dabei Stöße von 700 Tonnen Gesamtkraft.

Kein Wunder, wenn Ihre armen Füße manchmal streiken und womöglich so schmerzen, daß Sie Ihre Position ändern. Doch Vorsicht: Wird Ihnen die neue Haltung zur Gewohnheit, können andere Teile Ihres Körpers aus ihrer natürlichen Lage geraten und Rückenschmerzen, Kopfschmerzen und andere Beschwerden bewirken.

Der Fuß ist aus überraschend vielen Teilen zusammengesetzt, die ein Gewölbe bilden und ihm seine geschmeidige Federung verleihen. Rund ein Viertel aller menschlichen Knochen steckt in den Füßen. Jeder Fuß verfügt über nicht weniger als 26 Knochen, die durch 33 Gelenke verbunden und durch Bänder verspannt sind. 99 Prozent der Menschen werden mit gesunden Füßen geboren. Und doch haben nach dem ersten Lebensjahr bereits acht Prozent, nach fünf Jahren 41 Prozent und nach zwanzig Jahren 80 Prozent irgendwelche Fußleiden entwickelt. Behaftet mit Hühneraugen, Schwielen, entzündeten Ballen, eingewachsenen Nägeln, Hammerzehen, tiefer Hornhaut an den Sohlen und Dutzenden von anderen Übeln humpeln wir durch das Leben.

## Fußpflege im Alltag

Sie tun gut daran, Ihre Füße mindestens einmal täglich zu baden, zur Beseitigung abgestoßener Hautteilchen weich zu bürsten, dann sorgfältig abzutrocknen und mit einem Fußpuder zu pudern. Tragen Sie möglichst nicht dieselben Schuhe und Strümpfe zwei Tage hintereinander, und wechseln Sie Schuhe und Strümpfe immer sofort, wenn Ihre Füße durch Regen oder Schweiß feucht geworden sind. Eine solche Hygiene kann übrigens auch einen leichten Fußflechtenbefall zwischen den Zehen beseitigen.

Wichtig ist vor allem das passende Schuhwerk. Der Schuh soll vor der längsten Zehe genug Freiraum haben und dort am breitesten sein, wo der Fuß am breitesten ist. Kaufen Sie Schuhe am Spätnachmittag – dann sind Ihre Füße am größten. Und mißbrauchen Sie Ihre Füße nicht zum Ausweiten – einen wirklich passenden Schuh muß man nicht »einlaufen«. Schiefgelaufene Absätze sollten Sie immer sofort reparieren lassen.

Benutzen Sie für den Alltag, wo Sie stundenlang in denselben Schuhen herumlaufen, Ihre besten Schuhe! Vermeiden Sie bei diesen Schuhen übermäßig hohe Absätze, das heißt solche, die mehr als fünf Zentimeter hoch sind und dadurch die stoßdämpfende Funktion des Fußgewölbes zunichte machen!

Berufstätige, die viel stehen und gehen müssen, sollten ihren Füßen ein regelmäßiges Training gönnen, da langes Stehen zu Durchblutungsstörungen führen kann. Eine Folge sind kalte Füße, über die viele Frauen auch in gut beheizten Räumen klagen. Aber so weit muß es erst gar nicht kommen. Hier ein paar Übungen, die nicht nur Ihre Füße, sondern auch die Beine hübscher und gesünder machen:

## Fußgymnastik

Das Schöne an der Fußgymnastik ist, daß man viele Übungen nebenbei machen kann.

- Zum Beispiel können Sie morgens beim Frühstück oder Zeitunglesen die Gelenkigkeit Ihrer Fußzehen testen. Versuchen Sie, jede Zehe einzeln zu bewegen. Sie werden sehen, daß es um so besser geht, je länger und öfter Sie es probieren.
- Versuchen Sie, mit den Zehen ein Tuch zu fassen und es wieder fallen zu lassen. Machen Sie diese Übung zehnmal täglich.
- Setzen Sie sich zweimal am Tag auf einen Stuhl, und rollen Sie zwei Minuten oder länger mit den Fußsohlen einen Tennisball hin und her.
- Gehen Sie zwischendurch mit flachem Fuß, aber angehobenen Zehen durchs Zimmer.
- Stellen Sie sich zwischendurch mal aufrecht mit geschlossenen Beinen hin, senken und heben Sie beide Fersen gleichzeitig, zuerst langsam, dann schneller.
- Vergessen Sie auch nicht, hin und wieder die Zehen zu krümmen, sie zu entspannen, dann wieder zu krümmen.

Diese Gymnastik müssen Sie natürlich regelmäßig machen, wenn sie Ihren Füßen wirklich helfen soll. Alle Übungen bleiben wirkungslos, wenn Sie sie nicht zum festen Bestandteil Ihres täglichen Schönheitsprogramms machen.

## Akupressur für die Füße

Bei kalten Füßen …

### *Ohr-Akupressur*

- Nehmen Sie den hinteren oberen Rand Ihrer rechten Ohrmuschel zwischen Daumen und Zeigefinger, so daß Ihr Daumen auf der Innenseite der Ohrmuschel aufliegt. Massieren Sie drei Minuten lang kräftig mit dem Daumen vom Gehörgang weg bis zum Rand der Ohrmuschel.
- Behandeln Sie danach das linke Ohr, akupressieren Sie jedoch in Richtung Gehörgang.
- Machen Sie diese Behandlung möglichst nicht erst dann, wenn Sie schon eiskalte Füße haben, sondern am besten mindestens zweimal täglich zur Vorbeugung.

Bei schmerzenden Füßen …

### *Akupressur der Knie*

- Setzen Sie sich auf einen Stuhl, und legen Sie Ihre Hände mit geschlossenen Fingern auf Ihre Knie. Ertasten Sie mit den Mittelfingern zwei Dellen unterhalb der Kniescheiben, und massieren Sie diese Stellen drei Minuten lang kreisförmig mit kräftigem Druck (s. S. 152, Abb. 44).

- Wenn Sie öfter unter Fußschmerzen leiden, sollten Sie die Akupressur dreimal am Tag vorbeugend durchführen.

### *Akupressur der Füße*

- Setzen Sie sich auf den Boden, ziehen Sie Ihre Füße zu sich heran, und suchen Sie an beiden Füßen gleichzeitig nach einem druckempfindlichen Punkt zwischen den Außenknöcheln und der Ferse. Massieren Sie diese Stellen mindestens eine Minute lang.
- Auch diese Akupressur können Sie dreimal täglich zur Vorbeugung durchführen.

# WICHTIGES AUS IHREM »INNENLEBEN«

# ANGST – BEFREIEN SIE SICH VOM SEELENMÜLL

Der Wecker klingelt. Schon wieder so ein Tag. Draußen regnet es, der Partner hat an allem etwas auszusetzen, in der Firma wartet der ekelhafte Vorgesetzte. Ach, liegen zu bleiben wäre jetzt das Schönste! Decke über die Ohren und den grauen Alltag vorüberziehen lassen.

Geht es Ihnen auch so? Machen Ihnen negative Gedanken das Leben schwer? Und haben Sie keine Idee, wie Sie Ihrem Dasein einen positiven Dreh geben können?

Tatsächlich können wir uns das Leben durch negatives Denken schwerer machen, als es ist: Ich bin zu dick. Ich bin zu alt. Ich bin zu ungebildet. Das kann ich nicht. Alle sind glücklich, nur ich bin allein. Alles Sätze, die unglücklich machen.

Gedanken sind mächtige Kräfte. Die Macht der Einbildung beeinflußt uns ohne Unterlaß und ist oft überraschend groß. Was wir uns einbilden, halten wir für wahr. Und wer nur das graue Wetter sieht, wer sich nicht trotzdem an irgend etwas freuen kann, der wird zu einem chronischen Pessimisten, was sich auch am äußeren Erscheinungsbild zeigt.

Doch Pessimismus ist ein gefährlicher Nimmersatt. Er frißt mit Vorliebe Energie, Ausdauer sowie Unternehmungsgeist und produziert unter endlosem Wiederkäuen Schwung- und Mutlosigkeit, Trägheit, Schwäche, Angst.

Die Angst ist das Hauptübel negativer Denkgewohnheiten. Zwar hat die Angst in gewissem Maße ihre Berechtigung, weil sie – ähnlich wie der Schmerz bei einer Krankheit – für Seele, Geist und Körper ein Signal ist, alle verfügbaren Abwehrkräfte gegenüber einer drohenden Gefahr zu mobilisieren. Doch wer tagtäglich von Angst bestimmt wird, zerstört sich selbst.

Wer sich ängstigt, Furcht vor allem Möglichen und Unmöglichen, Depressionen, Sorgen und immer nur schlechte Laune hat, ruiniert Gesichtszüge und Teint, verkrampft und verspannt sich, altert vorzeitig, wird das Opfer seiner negativen Gedankenwelt. Wir sorgen und ängstigen uns nicht nur mit dem Geist und der Seele, sondern auch mit dem Körper.

So entsteht dann zum Beispiel der »Kummerspeck«. Sorgen, Berufsärger, Liebeskummer, Minderwertigkeitsgefühle und Depressionen führen zu übermäßigem Essen und machen dick. Man sucht Abhilfe und Trost in übermäßigem Essen und Trinken. Insbesondere kalorienreiche Nahrungsmittel wie Schlagsahne, Schokolade, Bonbons und fettspeichernde Bierchen sollen einem über Ängste und Enttäuschungen hinweghelfen. Von »schärferen Sachen« ganz zu schweigen.

Aber auch andere Folgen der Furcht, wie Erröten, Stottern, Hautjucken, Trockenheit in Mund und Kehle, Schwitzen an den Handflächen, Gliederzittern und -schwere, Druck im Magen, Herzklopfen sind unangenehm genug. Angst und Sorgen können sogar schlechte Zähne zur Folge haben, weil sie den Kalziumhaushalt des Körpers durcheinander bringen.

Wo aber liegen die Ursachen des negativen Denkens? Dafür gibt es Gründe genug: Mangel an Selbsterkenntnis, Selbsterziehung und -entfaltung, Mangel an Selbstbestätigung, Selbstvertrauen und Menschenkenntnis, Mangel an Schwung und Mut, an Zuversicht in bezug auf die Zukunft im allgemeinen und besonderen, mangelnde oder fehlende Zielsetzung, Planlosigkeit, Schlendrian im Denken, Fühlen und Handeln. Mißtrauen, Egoismus bis hin zur Egozentrik kommen meist dazu.

## Positives Denken

Und wie – um Himmels willen – soll man aus diesem Schlamassel herausfinden? Die Antwort lautet: Befreien Sie sich von Ihrem Seelenmüll!

Das klingt vielleicht so, als ob es einfacher gesagt als getan sei, zumal unser Alltag nicht immer rosig ist. Es hat auch keinen Sinn, die unangenehmen Dinge mit einem rosaroten Schleier zu bedecken. Doch vielleicht helfen Ihnen die Worte des amerikanischen Predigers Dr. Joseph Murphy weiter, einem der bekanntesten Verfechter des positiven Denkens:

»Wenn Sie die Kraft und Macht Ihres Denkens in sich entdecken, dann haben Sie die Macht Gottes in sich entdeckt. Wenn Sie die richtigen Vorstellungen und Gedanken in Ihrem Bewußtsein installieren, dann werden diese die richtigen Gefühle erzeugen, und Geist und Herz werden in Eintracht und Einheit zusammenarbeiten.«

Dabei spielt es keine Rolle, ob Sie einer Religionsgemeinschaft angehören und wenn ja, welche es ist. Wichtig ist allein die Hinwendung zur positiven Energie. Die Kraft, die eigene Einstellung zu verändern, so Murphy, ist grundsätzlich in jedem Menschen vorhanden.

Was aber hat das für Sie zu bedeuten? Ganz einfach: Seien Sie nett – und zwar in erster Linie zu sich selbst! Machen Sie sich Gedanken darüber, was für ein großartiger Mensch Sie sind, und sagen Sie sich immer wieder: »Ich bin glücklich! Ich bin froh und stark! Ich bin liebenswert!« Und wenn Sie morgens in den Spiegel blicken, dann suchen Sie nicht mißmutig nach neuen Falten, sondern sagen Sie: »Ich mag mich! Ich bin die Macht in meinem Leben! Heute ist ein schöner Tag, an dem ich mich ändern und lernen kann!« Das stärkt die seelischen Kräfte und hilft Ihnen, kritische Situationen zu meistern.

## Akupressur gegen Ängste und Verstimmungen

Was können Sie tun, um diese »Wende« zum positiven Denken zu unterstützen? Lassen Sie auf jeden Fall die Finger von allen Medikamenten, die eine gute Laune herbeizaubern – und süchtig machen können. Viel gesünder ist die Akupressur.

### *Akupressur der Leberzone*

- Legen Sie gleich morgens nach dem Aufwachen Ihre rechte Hand flach auf den rechten Rippenbogen oberhalb der Leber (s. S. 94, Abb. 21), und drücken Sie zehn- bis fünfzehnmal kräftig zu.
- Sie werden feststellen, daß diese einfache Akupressur Ihre Stimmung sehr schnell verbessert.

### *Akupressur der Ellenbogen*

- Winkeln Sie Ihren linken Ellenbogen an, und massieren Sie dreißig Sekunden lang mit sanftem Druck die gesamte

Ellenbogenfalte mit dem rechten Daumen. Mit Ihren Fingern halten Sie den Ellenbogen von außen fest. Behandeln Sie auch den rechten Ellenbogen auf dieselbe Weise.

- Führen Sie diese Akupressur mindestens dreimal täglich durch.

## *Akupressur der Handgelenke*

- Pressen Sie Ihren rechten Daumen zwei- bis dreimal hintereinander auf die Innenseite Ihres linken Unterarmes knapp unterhalb des Handgelenkes, genau dort, wo der Puls gemessen wird (Abb. 48). Wiederholen Sie diese Akupressur am rechten Handgelenk.
- **Achtung:** Drücken Sie nicht zu kräftig, weil diese Akupressur den Herzschlag und Kreislauf sehr anregen kann. Wenn Sie ein schwaches Herz haben, sollten Sie lieber einen Partner darum bitten, Ihnen die nachfolgend beschriebene Rückenmassage zu geben.

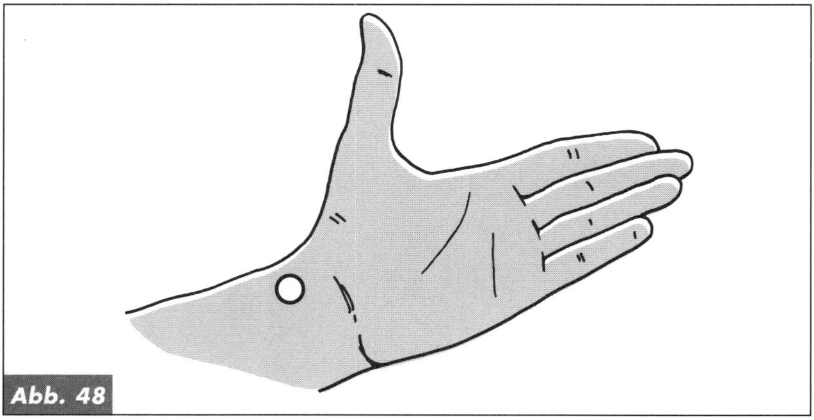

Abb. 48

### *Partnermassage des Rückens*

- Setzen Sie sich auf einen Hocker, machen Sie Ihren oberen Rücken ganz rund, und lassen Sie Ihre Arme locker hängen. Ihr Partner legt jetzt beide Hände auf Ihre Schulterblätter und drückt fünfmal hintereinander mittelkräftig zu. Am günstigsten ist es, wenn Ihr Partner dann Druck ausübt, wenn Sie ausatmen, und eine kleine Pause macht, wenn Sie einatmen.
- Schon nach wenigen Minuten werden Sie eine Verbesserung Ihrer Stimmung spüren. Wenn möglich, sollte diese Rückenakupressur alle drei bis vier Stunden wiederholt werden.

# AUCH DER HORMON-SPIEGEL ZEIGT IHRE SCHÖNHEIT

Nichts auf der Welt kann in so kleiner Anzahl so gewaltige Wirkungen hervorrufen wie Hormone: Ein Eimer dieses oder jenes Hormons würde ausreichen, um die deutsche Bevölkerung in wilde Ungeheuer oder auch wehleidige Angsthasen zu verwandeln.

Glücklicherweise kann so etwas nicht passieren. Doch Pannen hat es gegeben – etwa die traurig-komischen Veränderungen, die bei den Köchen eines Schweizer Hotels auftraten: Die Männer bekamen Brüste und helle Stimmen, weil sie regelmäßig Hühner gegessen hatten, die mit Hilfe eines weiblichen Sexualhormons gemästet worden waren. Nicht mehr als ein paar millionstel Gramm des Hormons waren in dem Hühnerfleisch enthalten, aber das reichte, um bei den Männern ernsthafte körperliche Veränderungen auszulösen.

Tatsache ist, daß unser ganzes Leben von fünf oder sechs Dutzend Hormonen gesteuert wird, die von acht Drüsen im Körper hergestellt und ins Blut ausgeschüttet werden. Ob es das Wachstum ist oder die Verdauung, der Geschlechtstrieb oder die Muskelbildung, der Glanz des Haares oder die Erschlaffung der Haut – Hormone regeln alles, und sie tun das in unendlich fein abgestimmter Wechselwirkung.

Ein Beispiel: Wenn Sie sich kräftig ärgern, »pumpt« die Nebenniere sofort das Hormon Adrenalin ins Blut. Das macht Sie kampfbereit, das Herz schlägt schneller, der Blutdruck steigt, der Körper »macht mobil«, und im nächsten Augenblick werfen Sie Ihrem Partner möglicherweise die Salatschüssel an den Kopf.

Einzelne Hormone sind absolut lebenswichtig, zum Beispiel das Insulin. Wem es fehlt, der ist zuckerkrank und zeitlebens auf Medikamente angewiesen. Andere Hormone sind zur Not entbehrlich, alle aber wirken in unendlicher Vielfalt zusammen. Das bedeutet: Wenn eines fehlt, ist das ganze Gleichgewicht gestört.

Leider ist das aber besonders bei Frauen häufig der Fall, und die wenigsten wissen es. Sie nehmen wachsende Fettpolster, Schlaflosigkeit, sexuelle Unlust, Reizbarkeit als gottgegeben hin. Tatsächlich aber hängen Spannkraft, Lebensfreude und Aussehen jeder Frau weitgehend von der ausreichenden Versorgung mit Sexualhormonen ab. Leider hapert es oft daran, besonders mit zunehmendem Alter.

Wie aber merken Sie, ob Ihr Körper genug Östrogen produziert oder nicht? Allgemeine Energie- und Lustlosigkeit, leichte Neigung zu Trübsinn, Kontaktarmut, schwache Menstruation, geringe Libido sind die typischen Symptome in der Altersgruppe von 17 bis 29 Jahren. Der Geschlechtsverkehr wird als unangenehm empfunden, ein Orgasmus nur selten erreicht. Das äußere Bild dazu: dünne eckige Figur, unreine Haut, Neigung zu Akne, glanzloses Haar. Die Brüste schlaff, Scheide eng und unelastisch, Gebärmutter unterentwickelt.

Kein schönes Bild, aber nicht beängstigend. Denn in der Altersgruppe von 17 bis 29 genügt normalerweise schon eine winzige Hormonsteigerung, um die Beschwerden zu beseitigen.

Zu den Erscheinungen, die bei den Jüngeren auftreten, kommen ab dem dreißigsten Lebensjahr weitere hinzu: leichte Schweißausbrüche, Schlaflosigkeit, Erregbarkeit, starker Fettansatz an Hüfte und Bauch, Erschlaffung der Haut. Wird der Hormonspiegel wieder auf das Normalmaß angehoben, kehren Spannkraft und Lebensfreude zurück.

## Akupressur zur Regulation des Hormonspiegels

Nicht immer sind Medikamente notwendig, um einen gestörten Hormonhaushalt zu ordnen. In vielen Fällen läßt er sich auch mit Akupressur normalisieren.

Fühlen Sie sich oft müde und schlapp? Werden Sie immer wieder von Kopfschmerzen geplagt, oder wird Ihnen bei jeder schnellen Bewegung schwindelig? Klopft Ihr Herz manchmal bis zum Hals? Dann wird es Zeit, Ihren Hormonspiegel zu regulieren.

Die hier beschriebenen Akupressuren können schwere Hormonstörungen zwar nicht heilen, doch lassen sich leicht aus dem Takt geratene Hormondrüsen auf natürliche Weise mit ihnen regulieren.

Bei akuten Beschwerden …

### *Akupressur der Hände*

- Pressen Sie mit Daumen und Zeigefinger der rechten Hand die Kuppe des linken Daumens dreimal hintereinander so fest wie möglich zusammen, und ziehen Sie den

Daumen dabei in die Länge. Behandeln Sie anschließend alle Fingerkuppen der linken Hand auf dieselbe Weise. Wiederholen Sie diese Behandlung an der rechten Hand.

- Führen Sie diese Akupressur dreimal täglich durch.

## *Akupressur des Kopfes*

- Klopfen Sie mit den Fingerkuppen einer Hand vom vorderen Haaransatz bis zum Hinterkopf ganz sanft über die Mitte des Kopfes. Machen Sie dies dreimal hintereinander, jeweils von vorne nach hinten.
- Diese Punkte sollten Sie nur dann akupressieren, wenn Sie eindeutige Symptome einer Hormondysregulation aufweisen.

Zur Vorbeugung …

## *Akupressur der Füße*

- Setzen Sie sich auf einen Stuhl, legen Sie Ihren linken Fuß auf Ihren rechten Oberschenkel, und drücken Sie mit dem Daumen fünf- bis siebenmal energisch genau in die Mitte zwischen Fußknöchel und Achillessehne (Abb. 49). Wiederholen Sie diese Akupressur danach am rechten Fuß.

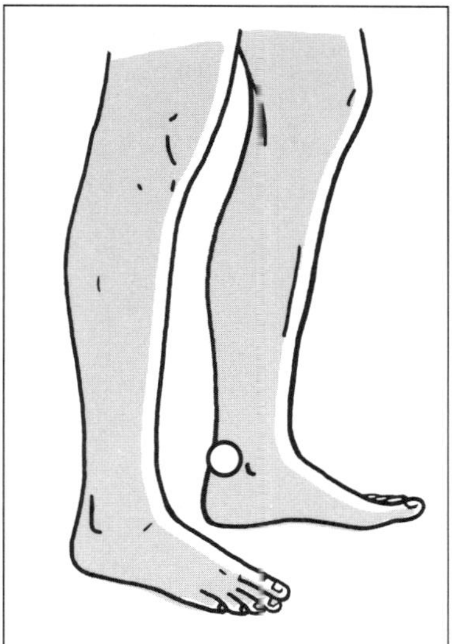

Abb. 49

- Behandeln Sie Ihre Füße dreimal täglich auf diese Weise, wenn Sie im Moment keine Beschwerden haben, aber wissen, daß Sie zu hormonellen Dysregulationen neigen.

### *Akupressur der Unterschenkel*

- Setzen Sie sich auf einen Stuhl, legen Sie Ihren linken Fuß auf Ihren rechten Oberschenkel, und ertasten Sie einen Punkt, der eine Handbreit oberhalb des inneren Fußknöchels liegt (s. S. 139, Abb 39). Drücken Sie so fest auf diesen Punkt, daß Sie einen deutlichen Druckschmerz empfinden. Wiederholen Sie diese Behandlung danach am rechten Fuß.
- Diese Akupressur sollten Sie vorbeugend dreimal am Tag durchführen.

# WIE EIN AKTIVES LIEBESLEBEN IHRER SCHÖNHEIT DIENT

Die Liebe ist zweifellos das schönste und auch eines der wirksamsten Mittel für eine Frau, um jung und gesund zu bleiben. Liebe – darunter ist sowohl die geistig-seelische Harmonie als auch die körperliche Hingabe gemeint.

Es ist schon etwas dran an dem banalen Schlagertitel »Eine Frau wird erst schön durch die Liebe«. Leider hält die Liebe oft nicht sehr lange an, sondern ist nach einigen Ehejahren kaum noch zu spüren. Inhaltslosigkeit und Langeweile einer Ehe wirken sich aber vernichtend auf die Schönheit einer Frau aus. Man geht miteinander ins Bett, aber rein mechanisch – keine Spur von Zärtlichkeit, die aber für das Wohlbefinden und damit für das Aussehen einer Frau enorm wichtig ist.

Die berühmte Primaballerina Ludmilla Tscherina, die im Alter von 42 Jahren noch ausgesprochen jugendlich aussah, sagte einmal: »Viele Leute glauben, ich sei geliftet, aber darüber kann ich nur lachen. Es ist die Liebe, der ich meine faltenlose Haut verdanke. Denn ohne Liebe vertrocknet eine Frau, um ihren Mund bilden sich Falten, die Verzicht verraten.«

Tatsächlich hängt von der Zärtlichkeit – indirekt – die Durchblutung des Unterhautzellgewebes ab. Fehlt sie, verliert die Haut ihre Elastizität, sie wird welk, und eine Frau sieht um Jahre älter aus. Oder die Drüsen bewirken, daß mehr Fett in der Haut abgelagert wird – die Frau setzt »Kummerspeck« an. Frauen, denen die körperliche Liebe nicht gibt, was sie erwarten, können außerdem krank werden: Es kann zu Verkrampfungen der Geschlechtsorgane und im Magen-Darm-Trakt kommen.

Leider schweigen die meisten Frauen in solchen Fällen – ihr Mann, der große Liebhaber, könnte beleidigt sein. Sie täuschen Gefühle vor, die sie nicht empfinden. Von hundert Frauen, denen der Geschlechtsverkehr nichts gibt, gesteht das nur eine. Das ist falsch. Jede Frau, bei der »es« nicht richtig klappt, sollte ihren Partner einmal fragen, was er beim Sex empfindet. Das löst zweifellos die Gegenfrage aus.

Allerdings kann Sex allein natürlich keine Frau jung und gesund erhalten. Entscheidend ist die Stimmung, in der ein Paar sich liebt. Handelt es sich um eine »Pflichtübung« oder um eine innige Vereinigung? Nur unter Liebenden ist die Sexualität für eine Frau wie Medizin: Ihre Augen glänzen, ihre Haut leuchtet – sie ist glücklich. Und glückliche Frauen sehen immer jung und schön aus.

Dabei ist es gar nicht wichtig, wie oft der Geschlechtsverkehr stattfindet. Das ist ganz verschieden und kann von niemandem reglementiert werden. Aber wenn das Bedürfnis nach Sex besteht, sollte es befriedigt werden.

Doch was ist, wenn Sie im entscheidenden Moment nicht »kommen« können? Wenn Sie trotz aller Liebeslust den Höhepunkt nicht erreichen?

Tatsächlich gehört der Orgasmus zum Liebesleben wie das Gelbe zum Ei. Vielen Frauen aber bleibt der Höhepunkt versagt, etliche erleben nie das »Gefühl der Gefühle«, obwohl sie sich die größte Mühe geben – das Falscheste, was man tun kann! Irgendwann resignieren sie und täuschen ihrem Partner einen Orgasmus vor, um ihn nicht zu enttäuschen oder um nicht als frigide zu gelten.

Lassen Sie es bloß nicht so weit kommen! Werfen Sie alle Gedanken über Frigidität und Empfindungslosigkeit über Bord. Fast jede Frau ist orgasmusfähig! Akupressieren Sie doch – sozusagen als Vorspiel – einige Punkte an Ihren Füßen.

## Akupressur für die Libido

Führen Sie die nachstehend beschriebenen Akupressuren der Reihe nach mindestens zwei-, besser dreimal täglich durch. Natürlich dürfen Sie sich auch von Ihrem Partner akupressieren lassen – je liebevoller, desto besser.

Wahrscheinlich kommen Sie anfangs trotz der Akupressur nicht zum Höhepunkt, doch spätestens nach einem Monat dürfte es soweit sein. Voraussetzung ist allerdings, daß Sie nicht verkrampft darauf warten. Seien Sie locker und gelöst, dann wird es klappen. Danach werden Sie sich wie verwandelt fühlen: elastisch, lebensfroh, befreit. Das Leben – und Sie – sind einfach schön!

### *Akupressur der Fußsohlen und der Achillessehnen*

- Setzen Sie sich auf einen Stuhl, legen Sie Ihren linken Fuß auf Ihren rechten Oberschenkel, und suchen Sie genau in der Mitte Ihrer Fußsohle eine kleine Mulde. Drücken Sie mit der Daumenkuppe kräftig auf diese

Stelle. Spüren Sie einen leichten Schmerz? Dann haben Sie den richtigen Punkt gefunden! Akupressieren Sie ihn zehn- bis fünfzehnmal mit mittlerem Druck.

- Behandeln Sie danach zwei Punkte, die sich jeweils einen Fingerbreit oberhalb und unterhalb der zuvor akupressierten Stelle befinden, indem Sie zwanzigmal sanft auf diese Punkte klopfen (Abb. 50).
- Fachleute meinen, statt des Klopfens sollte ein kurzer, mittelstarker Druck ausgeübt werden, weil dies nach ihrer Erkenntnis gleichzeitig der Müdigkeit entgegenwirke und die verlorengegangenen körperlichen Kräfte regeneriere. Probieren Sie beide Methoden – Klopfen oder Drücken – aus, um festzustellen, welche Behandlung Ihnen gut tut.
- Akupressieren Sie anschließend die Achillessehne: Lassen Sie den Fuß, den Sie behandeln wollen, ganz locker hängen, und drücken Sie mit dem Daumen kurz und leicht auf die Achillessehne. Beginnen Sie in Fersennähe, und arbeiten Sie sich langsam nach oben durch.
- Wiederholen Sie die Behandlung am rechten Fuß.

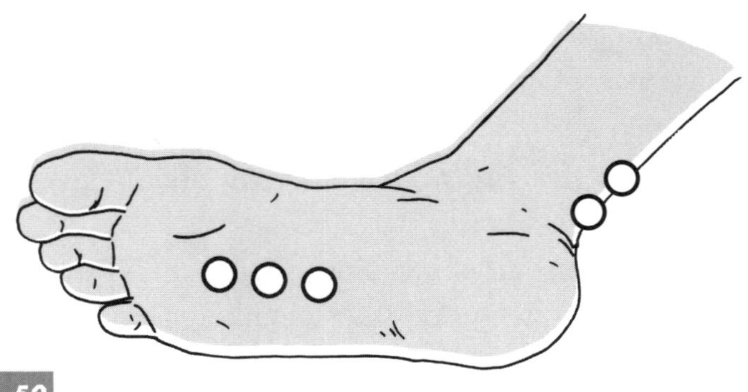

Abb. 50

### *Die Kniescheiben und die Innenseiten der Oberschenkel beklopfen*

- Bleiben Sie auf dem Stuhl sitzen, stellen Sie jetzt aber beide Füße etwa schulterbreit voneinander entfernt auf den Fußboden. Klopfen Sie mit den Fingerkuppen leicht und rasch gleichzeitig mehrfach rund um beide Kniescheiben herum und danach auf den Innenseiten der Oberschenkel nach oben bis kurz vor den Intimbereich.
- Wiederholen Sie dies zwei- bis dreimal täglich.

# WIE SIE MUSKELKRÄMPFEN DEN GARAUS MACHEN

Haben Sie sich schon einmal morgens mit verquollenen Augen und gähnend an den Frühstückstisch gesetzt, weil Ihnen in der Nacht zuvor ein Wadenkrampf den Schlaf raubte? Oder zogen sich Ihre Wadenmuskeln ausgerechnet beim Schwimmen zusammen? Eine unangenehme Situation, weil nicht nur das Bein unheimlich weh tut – auch die Angst, das rettende Ufer nicht mehr erreichen zu können, gesellt sich hinzu.

Aber nicht nur in den Beinen können sich die Muskeln schmerzhaft zusammenziehen, sondern auch in den Armen. Das kann so schlimm werden, daß die Hand keinen Gegenstand mehr halten kann.

Wenn Sie häufig unter Muskelkrämpfen leiden, sollten Sie sich vom Arzt untersuchen lassen. Es kann nämlich sein, daß organische Erkrankungen oder Mangelzustände in Ihrem Körper für die Muskelkrämpfe verantwortlich sind. So führen z.B. entzündliche Erkrankungen im zentralen Nervensystem, aber auch ein Mangel an Mineralien wie Kalzium oder Magnesium, allergische und rheumatische Erkrankungen und vor allen Dingen mangelnde Durchblutung der Beine sowie Krampfadern zu Muskelkrämpfen. Nicht vergessen werden darf auch eine Vergiftung durch Alkohol- oder Nikotinmißbrauch. Und sollten Sie Arzneimittel einnehmen, dann lesen Sie die Beipackzettel. So manche Medizin bringt nämlich unangenehme Nebenwirkungen mit sich – nicht selten Muskelkrämpfe.

## Akupressur bei Wadenkrämpfen

Was aber können Sie tun, wenn Sie von einem schmerzhaften Wadenkrampf überrascht werden? Dazu brauchen Sie nur Ihre Hände, denn mit der Akupressur lassen sich die Beschwerden schnell lindern.

Bei Überbelastung der Muskulatur …

### *Die schmerzende Stelle kneten*

- Setzen Sie sich sofort auf einen Stuhl, und winkeln Sie das Knie des betroffenen Beines leicht an. Ziehen Sie jetzt den Fuß bzw. die Zehen möglichst weit nach oben, und kneten Sie gleichzeitig die schmerzende Stelle kräftig und kreisförmig mit dem Daumen.
- Behandeln Sie Ihre Wade mindestens drei Minuten lang auf diese Weise, damit sich kein Muskelkater einstellen kann.

Bei nächtlichen Wadenkrämpfen …

### *Akupressur der Unterschenkel*

- Setzen Sie sich sofort im Bett auf, und stellen Sie die Füße auf den Boden. Suchen Sie an Ihrem schmerzenden Bein einen Punkt, der sich eine Handbreit oberhalb des

Innenknöchels befindet, und massieren Sie ihn mit dem Zeige- oder Mittelfinger unter leichtem Druck mindestens drei, besser fünf Minuten lang in Richtung Knie (s. S. 139, Abb. 39).

Zur Vorbeugung nach einem abgeklungenen Wadenkrampf…

***Akupressur der Knie***

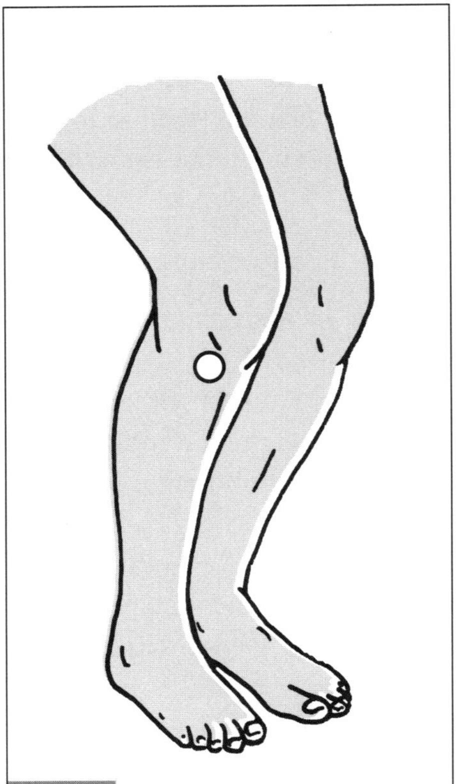

Abb. 51

- Setzen Sie sich auf einen Stuhl, und legen Sie eine Hand mit geschlossenen Fingern auf die Kniescheibe des betroffenen Beines. Genau dort, wo Ihr Ringfinger liegt, müssen Sie nun massieren, indem Sie die Haut unter mittelkräftigem Druck immer wieder nach unten schieben (Abb. 51).
- Machen Sie dies mindestens drei Minuten lang – und sollte sich wider Erwarten anschließend wieder ein Wadenkrampf einstellen, wird es Zeit, daß Sie einen Arzt aufsuchen.

Bei Krämpfen im Oberschenkel...

### *Akupressur der Oberschenkelrückseite*

- Mitunter trifft es auch die Oberschenkelmuskulatur, insbesondere die Rückseite des Oberschenkels. In diesem Fall stellen Sie sich hin und akupressieren eine gedachte Linie in der Mitte der Oberschenkelrückseite von der Gesäßfalte bis zur Kniekehle, indem Sie diese mittelkräftig beklopfen. Klopfen Sie zunächst von oben nach unten, dann von unten nach oben.
- Wiederholen Sie dies fünfmal

## Akupressur bei Krämpfen der Hände und Arme

Wenn Ihnen Schreibkrämpfe zu schaffen machen, werden Sie bei Ihrem Arzt kaum ein offenes Ohr finden, weil dieses Beschwerdebild in der Schulmedizin keine Rolle spielt. Dabei haben viele Menschen, die feine Arbeiten mit den Händen verrichten oder oft schreiben müssen, schon einmal einen Krampf in der Hand bekommen.

Erst beginnt die arbeitende Hand zu zittern. Dann verkrampft sie sich plötzlich und kann keinen Gegenstand mehr halten. Gleichzeitig ziehen vom Handgelenk aus starke Schmerzen bis zum Ellenbogen. Die betroffene Hand selbst erscheint eingeschlafen – sie fühlt sich taub und kühl an.

Die Ursache dieses Leidens liegt in einer chronischen Überlastung der betreffenden Muskeln. Mit Akupressur können Sie sich vor den lästigen Krämpfen schützen.

Bei Krämpfen in den Armen…

## *Akupressur der Unterarme*

- Setzen Sie sich auf einen Stuhl oder Sessel mit Armlehne, und legen Sie den betroffenen Arm auf die Lehne. Stellen Sie sich eine Linie vor, die auf dem Handrücken zwischen Daumen und Zeigefinger beginnt und bis zum Ellenbogen verläuft, und beklopfen Sie diese mit dem Zeige- und Mittelfinger der anderen Hand (Abb. 52). Wenn Sie am Ellenbogen angekommen sind, beginnen Sie wieder zwischen Daumen und Zeigefinger, weil diese Akupressur immer zum Herzen hin erfolgen muß.
- Beklopfen Sie Ihren Arm fünfmal auf diese Weise, und führen Sie die Akupressur mindestens dreimal täglich durch.

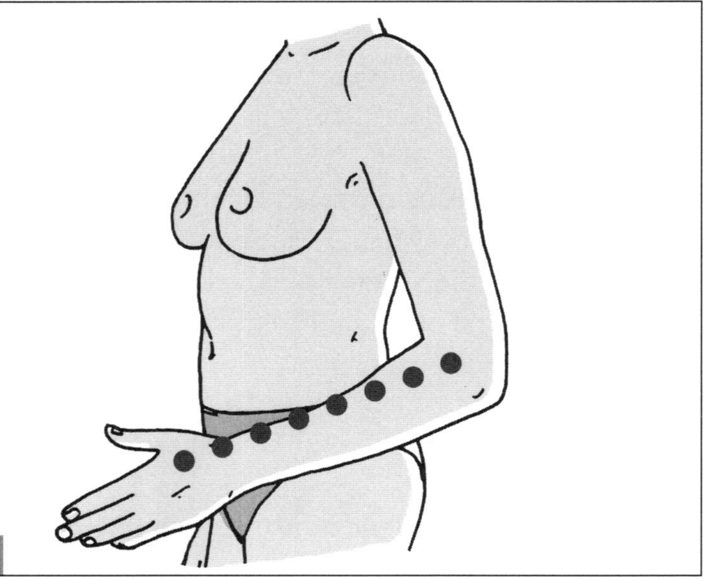

Abb. 52

### *Akupressur der Wirbelsäule zwischen den Schulterblättern*

- Legen Sie Ihren rechten Arm über die linke Schulter, so daß Sie mit den Fingern die Wirbelsäule zwischen den Schulterblättern erreichen. Drücken Sie kräftig mit dem Mittelfinger auf diese Stelle, bis Sie einen deutlichen Druckschmerz empfinden. Massieren Sie die Region um die Wirbelsäule herum drei Minuten lang kreisförmig mit mittlerem Druck. Legen Sie dann Ihren linken Arm über die rechte Schulter, und wiederholen Sie die Behandlung.
- Auch diese Akupressur sollte dreimal täglich gemacht werden.

Bei »eingeschlafenen« Händen …

### *Akupressur der Hände*

- Legen Sie den Zeigefinger der nicht betroffenen Hand auf die Mitte des Handgelenks und den Mittelfinger genau in das Zentrum des Handtellers der eingeschlafenen Hand. Drücken Sie mit beiden Fingern mehrmals kräftig zu – und zwar so lange, bis der Krampf verschwunden ist.

# MÜDIGKEIT – SO HELFEN SIE SICH AUS DER SCHLAPPE

»Ich bin so müde!« Von Millionen deutschen Frauen hört man diesen Stoßseufzer jeden Tag – und zwar nicht erst, wenn sie abends ins Bett fallen, sondern schon morgens beim Aufstehen. Diese Frauen können sich nicht erklären, warum sie so abgespannt sind: Sie gehen rechtzeitig ins Bett und haben ausreichend Schlaf. Es würde ihnen auch nichts helfen, wenn sie noch früher ins Bett gingen. Die Ursachen für chronische Müdigkeit liegen nämlich woanders.

Chronische Müdigkeit darf auf keinen Fall verharmlost werden. Abgesehen davon, daß sie ein Symptom schwerer Erkrankungen sein kann (Herzleiden, Hormonstörungen, Diabetes, Infektionskrankheiten), drückt sie schwer auf die Stimmung und damit auch auf das äußere Erscheinungsbild.

## Eisenmangel

Einer der häufigsten Gründe für ständige Müdigkeit ist der Eisenmangel. Etwa 40 Prozent der Bevölkerung leidet darunter. Eisen ist ein wesentlicher Bestandteil der roten Blutkörperchen, die den Sauerstoff in die Körperzellen transportieren. Sind die Vorräte an Eisen knapp, verringert sich die

Zahl der roten Blutkörperchen. Es kommt zur sogenannten Eisenmangel-Anämie, zur Blutarmut.

Frauen sind davon besonders betroffen, denn ihr Körper braucht doppelt soviel Eisen wie der des Mannes: zwei Milligramm pro Tag. Durch die Monatsblutungen geht auch Eisen verloren, und bei normaler Ernährung wird der Verlust nicht immer in vier Wochen wieder ausgeglichen. So kann langsam ein Mangel entstehen, der unmerklich größer und größer wird. Die Folge: Die betroffenen Frauen fühlen sich schlapp, und ihre Glieder sind schwer wie Blei.

Was läßt sich dagegen tun? Natürlich gibt es Präparate, die Eisen enthalten. Sie sind rezeptfrei in jeder Apotheke erhältlich. Aber warum wollen Sie Geld für Pillen ausgeben, wenn es auch anders geht? Essen Sie eisenhaltige Kost: Linsen, gekochte Sojabohnen, Kohl, Fleisch, Leber, Nieren, Eier, Salate. Allerdings hat die Sache auch einen Haken, weil der Körper immer nur ein Zehntel des Eisens in der Nahrung aufnimmt. Der große Rest wird nicht genutzt. Mit einem kleinen Trick läßt sich das ändern: Trinken Sie zu jeder Mahlzeit ein Glas Grapefruit- oder Orangensaft. Aus noch ungeklärten Gründen nimmt der Körper mehr Eisen auf, wenn ihm gleichzeitig Vitamin C zugeführt wird.

## Akupressur bei Müdigkeit und Erschöpfung

Parallel zu einer eisenhaltigen Ernährung sollten Sie Ihren Energiemangel mit Hilfe von Akupressur bekämpfen. Zwar kann sie das Eisen nicht ersetzen, aber die Verbindung von Eisenzufuhr und Fingerdruckmassage bewirkt, daß Sie in kurzer Zeit munter und rundherum fit sind!

## *Akupressur der kleinen Finger*

- Nehmen Sie den kleinen Finger der linken Hand zwischen Daumen und Zeigefinger der rechten Hand. Massieren Sie mit Ihrem Daumennagel den zum Ringfinger hin gelegenen Nagelwinkel des kleinen Fingers zwei Minuten lang mit mittlerem Druck in Richtung Nagelmitte. Wiederholen Sie die Behandlung danach am kleinen Finger der rechten Hand (Abb. 53).
- Führen Sie diese Akupressur dreimal täglich durch.

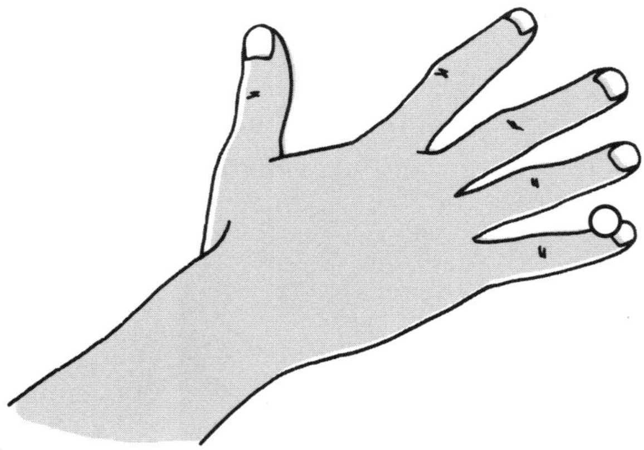
Abb. 53

## *Akupressur der Hände*

- Sollten Sie nach der Akupressur der kleinen Finger immer noch erschöpft sein, akupressieren Sie zusätzlich den folgenden Punkt:
- Greifen Sie mit dem Daumen und dem Zeigefinger der linken Hand in den muskulären Bereich zwischen

Daumen und Zeigefinger der rechten Hand. Ihr linker Daumen kommt dabei von oben, Ihr Zeigefinger von unten. Tasten Sie mit Ihrem Daumen weiter in Richtung Handgelenk, bis Sie fast bei den Knochen der Hand angelangt sind und eine druckempfindliche Stelle gefunden haben (s. S. 30, Abb. 3). Üben Sie an dieser Stelle zehnmal kräftigen Druck mit Ihrem Daumen aus. Behandeln Sie anschließend Ihre linke Hand auf dieselbe Weise.

- Führen Sie diese Behandlung dreimal täglich durch.

## Niedriger Blutdruck

Was aber ist, wenn Sie trotz eisenhaltiger Ernährung und Akupressur chronisch müde und abgespannt bleiben? Dann leiden Sie wahrscheinlich unter einem Problem, von dem ebenfalls fast doppelt so viele Frauen wie Männer betroffen sind: zu niedriger Blutdruck. Die Folgen sind dieselben wie beim Eisenmangel. Das Gehirn wird nicht ausreichend durchblutet und erhält zu wenig Sauerstoff. Ihre Leistungsfähigkeit ist dadurch deutlich vermindert.

Wenn Sie unter einem Blutdruck von 100 zu 70 oder weniger leiden, kann eine Tasse Kaffee manchmal Wunder bewirken: Die Adern verengen sich, der Blutdruck steigt. Außerdem regt Koffein das Gehirn an. Einen belebenden Effekt haben außerdem kalte Güsse auf den Puls oder auf die Waden. Je kälter das Wasser, desto besser. Aber Vorsicht: Bewegen Sie den Wasserstrahl immer in Richtung zum Herzen, weil sonst der Rückfluß des Blutes behindert werden könnte!

# Akupressur bei niedrigem Blutdruck

Mit Akupressur können Sie Ihren Blutdruck völlig gefahrlos und ohne irgendwelche Nebenwirkungen stabilisieren. Machen Sie die folgenden Übungen allerdings nicht gerade dann, wenn Sie wütend oder aufgeregt sind. Dann nämlich ist Ihr Blut bereits »in Wallung«, und die Akupressur würde Ihre Erregung nur noch steigern.

## *Akupressur des Kopfes*

- Legen Sie eine Handfläche auf den Hinterkopf, und drücken Sie fünfmal hintereinander fest nach vorne. Leisten Sie dabei mit Ihrem Kopf Widerstand, ohne jedoch den Nacken zu verkrampfen.
- Diese Übung sollten Sie dreimal täglich durchführen.

## *Akupressur der Unterschenkel*

- Setzen Sie sich auf einen Stuhl, und legen Sie Ihren linken Fuß auf Ihren rechten Oberschenkel. Plazieren Sie Ihre rechte Hand so auf den linken Unterschenkel, daß Ihr kleiner Finger gerade noch den inneren Knöchel berührt. Mit dem Daumen fassen Sie um den Unterschenkel herum. Drücken Sie jetzt mit dem Zeigefinger dreimal schnell nacheinander auf einen Punkt direkt neben der Außenseite des Schienbeinknochens (Abb. 54). Spüren Sie im Unterschenkel einen Schmerz? Wenn ja, haben Sie richtige Stelle gefunden!

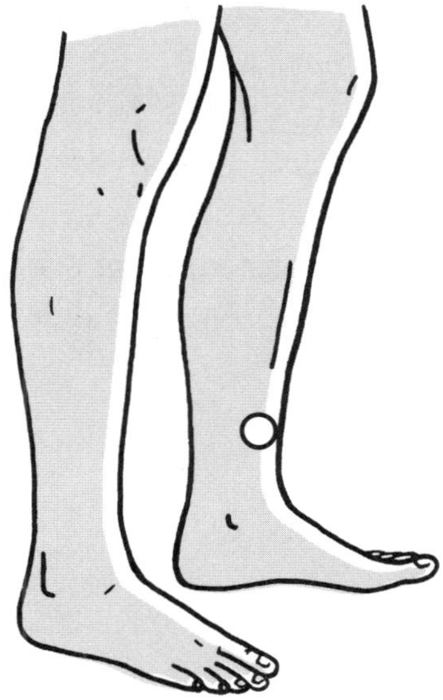

Abb. 54

- Akupressieren Sie dreimal hintereinander im Wechsel den linken und den rechten Unterschenkel.
- Führen Sie diese Behandlung dreimal täglich durch.

## Seelisch bedingte Müdigkeit

All die bisher beschriebenen Akupressuren helfen allerdings nichts, wenn die Müdigkeit seelische Ursachen hat. Das kommt gar nicht so selten vor. Kummer mit den Angehörigen, Sorge um die Existenz können die Gründe sein. Manchmal ist der Fall so ernst, daß nur ein Psychotherapeut helfen kann, oftmals helfen aber auch anerkennende, aufmunternde Worte aus dem Freundes- und Familienkreis oder ein offenes Gespräch.

# Akupressur bei depressiver Müdigkeit

Auch Akupressur kann Ihnen dabei helfen, eine »depressive Müdigkeit« zu bekämpfen. Sollten Sie nach den beiden nachfolgend beschriebenen Akupressuren noch immer von einer Furcht beherrscht werden, dann schlagen Sie das Kapitel »Angst« (s. S. 166) auf. Dort finden Sie verschiedene Behandlungsmöglichkeiten für Ängste.

## *Akupressur der Mittelfinger*

- Drücken Sie fünfmal hintereinander kräftig mit Ihren Daumennägeln auf die zum Zeigefinger gerichteten Nagelwinkel der Mittelfinger derselben Hand (Abb. 55). Das tut zwar weh, macht aber munter.
- Führen Sie diese Akupressur mindestens dreimal täglich durch.

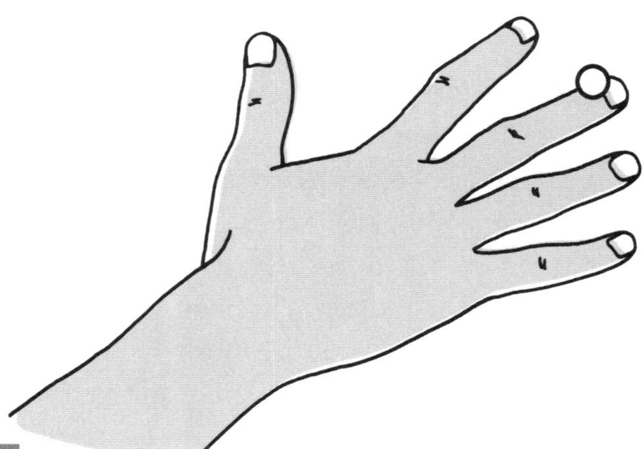

Abb. 55

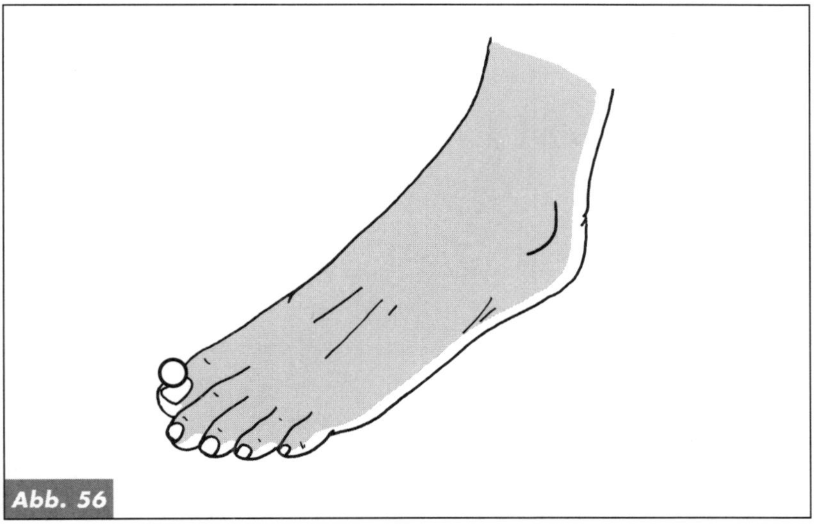

Abb. 56

## *Akupressur der großen Zehen*

- Setzen Sie sich auf den Boden, ziehen Sie Ihre Füße zu sich heran, und massieren Sie gleichzeitig an beiden Füßen mit Ihren Daumen die äußeren Nagelwinkel der großen Zehen nach oben (Abb. 56). Wenn Sie dies zwei Minuten lang getan haben, werden Sie hellwach sein.
- Führen Sie auch diese Akupressur mindestens dreimal täglich durch.

# NERVOSITÄT, LAMPEN-FIEBER, ZITTERN? EINFACH WEGDRÜCKEN!

Streß und Hektik im Beruf, Auseinandersetzungen in der Familie, Angst vor einer Prüfung, Trauer um einen Menschen – jeder Mensch macht hin und wieder Phasen durch, in denen seine Psyche hart gefordert wird. Tatsächlich fühlen sich 40 Prozent aller Deutschen im Alter zwischen 20 und 40 Jahren zeitweise oder oft sehr gereizt, verärgert, zornig, ruhelos. Sie leiden an Konzentrationsschwäche, unbestimmten Ängsten und extremer Nervosität. Depressive Verstimmungen machen den Betroffenen schwer zu schaffen. Sie »hängen durch«, ihre Seele leidet.

Solche Befindlichkeitsstörungen können aber auch durch Umweltbelastungen wie schädigende Abgase von Straßenverkehr und Industrie, chemische Substanzen im Haushalt und Beruf, Zigarettenrauch, sauerstoffarme Luft, Lärm, Elektrosmog, verschiedene Strahlungen und schädigende Substanzen ausgelöst oder verstärkt werden. Wissenschaftler sprechen dann von einer sogenannten »Umweltnervosität«.

Eine Zeitlang hält der Mensch all diesen Belastungen stand, doch irgendwann kommt der Augenblick, in dem die Gesundheit gefährdet ist. Das Problem dabei: Der Betroffene fühlt sich nicht wohl, hat Befindlichkeitsstörungen und geht zum Arzt. Der aber kann bei Untersuchungen keine Funktionsstörungen der Organe feststellen.

Der psychische Streß und die Umweltbelastungen haben die Gesundheit zwar schon angegriffen, doch es hat sich noch keine Krankheit manifestiert. Der Betroffene befindet sich in einer Grauzone zwischen Gesundheit und Krankheit, und es muß etwas unternommen werden, damit sein Organismus nicht weiter belastet und er »wirklich« krank wird.

Das bedeutet für den einzelnen, daß er alle Umweltgifte, die ihn schädigen, meiden sollte. Weil dies aber oft nicht möglich ist, muß der Körper gegen die Gefahren widerstandsfähig gemacht werden. Konkret heißt das, daß der Betroffene auf eine ausgewogene, gesunde Ernährung mit viel Obst und Gemüse und wenig Fett achten sollte. Außerdem sollte er in seiner Freizeit wirklich Erholung suchen und sich keinen überflüssigen »Freizeitstreß« bereiten. Auch regelmäßige Urlaubsreisen, in denen man mal ganz abschalten kann, sind wichtig, und natürlich ein erfülltes soziales Leben, sei es in der Partnerschaft oder mit Freunden.

## Akupressur bei Nervosität, Lampenfieber und Zittern

Selbstverständlich können Sie auch mit der Akupressur etwas gegen Ihre Unruhezustände tun.

Bei allgemeiner Nervosität...

***Akupressur des Brustbeins***

- Legen Sie Zeige- und Mittelfinger Ihrer Arbeitshand auf die Mitte Ihres Oberkörpers, und zwar genau dorthin,

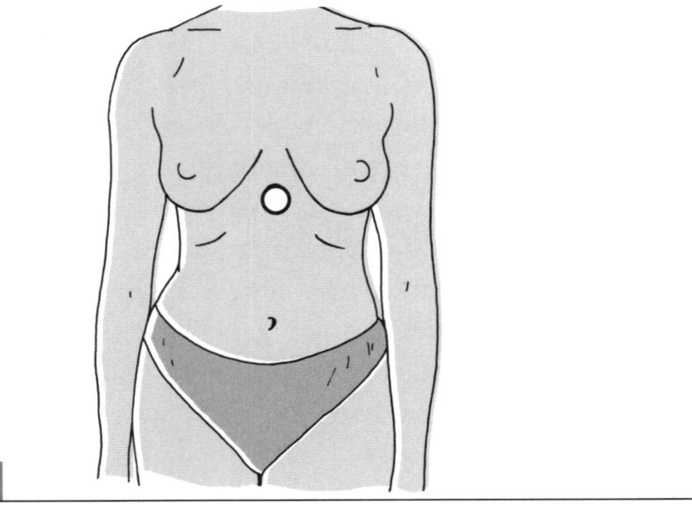

Abb. 57

wo sich die Spitze des Schwertfortsatzes des Brustbeins (direkt oberhalb des Solarplexus) befindet (Abb. 57).

- Drücken Sie kräftig auf diesen Punkt, und massieren Sie ihn drei Minuten nach oben.

## *Akupressur des Kopfes*

- Wenn Sie grundsätzlich etwas gegen Ihre Unruhe tun wollen, müssen Sie direkt im Anschluß an die oben beschriebene Behandlung noch einen Punkt auf dem Kopf massieren.
- Suchen Sie die Mitte zwischen den höchsten Stellen der Ohrmuscheln oben auf Ihrem Kopf, und rücken Sie von dort aus zweieinhalb bis drei Fingerbreit nach hinten, bis Sie eine kleine Mulde gefunden haben. Massieren Sie diese Vertiefung ebenfalls drei Minuten lang mit starkem Druck nach vorne (Abb. 58).

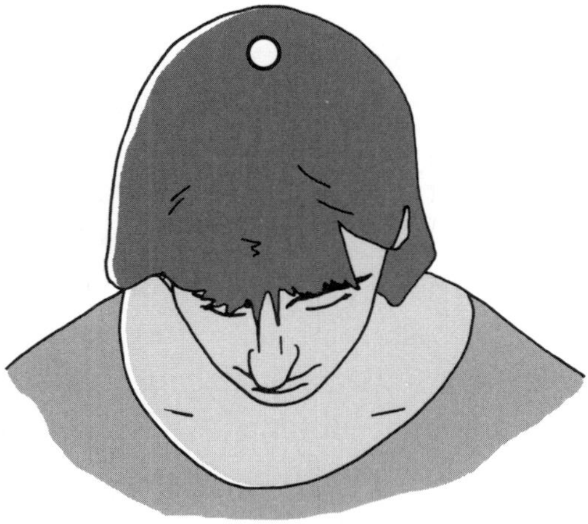

Abb. 58

- Wenn Sie die Akupressur des Brustbeins und die des Kopfes mindestens dreimal täglich ausführen, wird sich Ihre Unruhe bald verabschieden.

Bei Lampenfieber…

### *Akupressur der Knie*

- Setzen Sie sich auf einen Stuhl, und legen Sie Ihre Hände mit geschlossenen Fingern auf die Knie. Massieren Sie an beiden Beinen gleichzeitig zwei Minuten lang energisch jene Stellen, die genau unter Ihren Ringfingern liegen (s. S. 184, Abb. 51).
- Danach werden Sie den kommenden Ereignissen viel gelassener entgegensehen.

Bei starkem Zittern ...

### *Akupressur der Füße*

- Setzen Sie sich auf den Fußboden, ziehen Sie Ihre Füße zu sich heran, und umfassen Sie beide Füße von hinten, so daß die Daumen unterhalb der Innenknöchel und die Mittelfinger unterhalb der Außenknöchel zu liegen kommen. Ertasten Sie dann mit den Daumen und den Zeigefingern an beiden Füßen gleichzeitig je zwei Punkte, die sich zwei Fingerbreit unterhalb des äußeren bzw. des inneren Knöchels und einen Fingerbreit in Richtung Ferse befinden. Massieren Sie diese Stellen kreisförmig und mit mittelkräftigem Druck zwei Minuten lang.
- Akupressieren Sie Ihre Füße dreimal täglich, bis das Zittern ganz verschwunden ist.

# NIKOTIN UND ALKOHOL – HÜTEN SIE SICH VOR SCHLEICHENDEN GEFAHREN

## Nikotin

Viele Menschen, die müde oder abgespannt sind, greifen zur Zigarette, weil der blaue Dunst sie anregt, zumindest kurzfristig frisch macht oder ihnen vermeintlich dabei hilft, mit Aufregung und Unsicherheit fertig zu werden. Vielleicht beruht das ja alles nur auf Einbildung, aber das interessiert die Raucher wenig. Keine Einbildung ist es jedenfalls, wenn man nach starkem Zigarettenkonsum plötzlich Herzklopfen, zittrige Hände und erhöhten Blutdruck bekommt – eine leichte Nikotinvergiftung also.

Seltsamerweise reicht der Selbsterhaltungstrieb des Menschen nicht aus, um ihn vor Nikotin – einem der wirksamsten Gifte – zu bewahren. Gerade für Frauen birgt das Rauchen aber erhebliche Gefahren:

- 40 Prozent der Raucherinnen (Nichtraucherinnen: 13 Prozent) leiden unter Menstruationsstörungen.
- Bei Raucherinnen sind Schilddrüsenstörungen sechsmal häufiger zu erwarten als bei Nichtraucherinnen.
- Anläßlich einer wissenschaftlichen Untersuchung wurde bei einem Fünftel der Raucherinnen ein verfrühter Be-

ginn der Wechseljahre festgestellt, bei Nichtraucherinnen waren es nur 1,7 Prozent.

- Starke Raucherinnen sind blasser als Nichtraucherinnen. Ihr Teint ist grau, die Haut bildet schneller Falten.

Natürlich kommt es darauf an, wieviel und welche Art von Zigaretten geraucht werden. Der Nikotingehalt einer Zigarette kann immerhin zwischen einem halben Milligramm (tausendstel Gramm) bei leichten und 2,6 Milligramm bei schweren Sorten schwanken. Doch ob leicht oder schwer: Nikotin ist so schädlich, daß der Lungenkrebs inzwischen zur meistverbreiteten Krebskrankheit wurde.

Es wird also Zeit, daß Sie sich das Rauchen abgewöhnen. Doch das ist gar nicht so einfach, und viele Präparate, die eine »hundertprozentige Raucherentwöhnung« versprechen, versagen kläglich. Eine sehr wirksame und außerdem kostengünstige Methode zur Entwöhnung ist hingegen die Akupressur.

## Akupressur zur Raucherentwöhnung

### *Ohr-Akupressur*

- Nehmen Sie den Rand Ihrer rechten Ohrmuschel oberhalb des Ohrläppchens zwischen Daumen und Zeigefinger, und massieren Sie den Ohrrand durch kräftiges Zusammendrücken nach oben bis zum höchsten Punkt der Ohrmuschel. Wenn Sie dort angekommen sind, beginnen Sie erneut von unten und wiederholen diese Massage, bis Sie Ihr Ohr drei Minuten lang akupressiert haben.

- Behandeln Sie danach mindestens drei Minuten lang die Ohrleiste Ihres linken Ohres, die vom Ohrrand zum Gehörgang führt, von außen nach innen mit leichtem Klopfen.
- Anschließend massieren Sie ebenfalls am linken Ohr einen Punkt, der sich vor dem Ohrläppchenansatz befindet (Abb. 59). Dabei schieben Sie die Haut mit sanftem Druck nach unten. Tun Sie auch dies drei Minuten lang.
- Führen Sie diese Ohrakupressuren mindestens dreimal täglich durch.

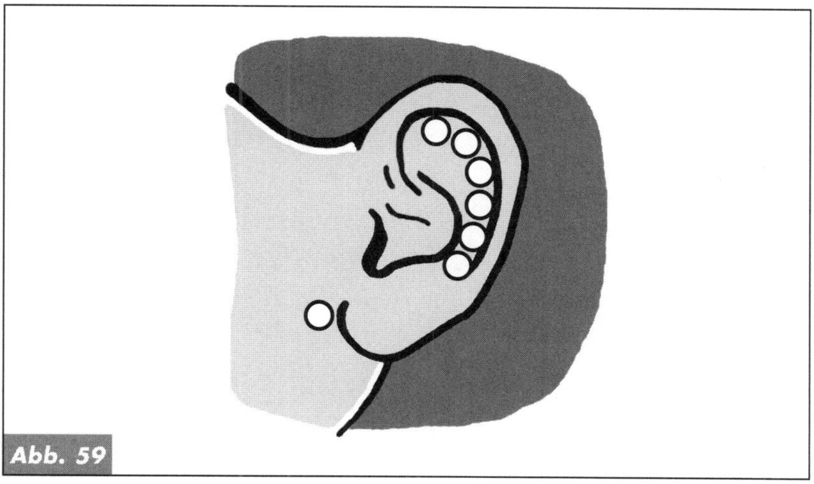

Abb. 59

## *Akupressur des Brustbeins*

- Suchen Sie einen Punkt, der etwa in der Mitte Ihres Oberkörpers, auf dem Schwertfortsatz des Brustbeins liegt und meist ziemlich druckempfindlich ist (s. S. 198, Abb. 57). Massieren Sie Ihn mit dem Zeige- oder Mittelfinger fünf Minuten lang mit kräftigem Druck.

- Führen Sie auch diese Akupressur dreimal täglich durch.

Die Akupressur wird Ihnen dabei helfen, mit Ihren Entzugserscheinungen und Ihrem Verlangen fertig zu werden. Sie dürfen jedoch keine Wunderwirkung erwarten. Die komplette Entwöhnung braucht ihre Zeit und wird sich erst im Laufe einiger Wochen und bei konsequenter Durchführung einstellen. Sie können Ihre Bemühungen mit folgenden Maßnahmen unterstützen:

- Verstecken Sie alles, was Sie zum Rauchen animieren könnte: Zigaretten, Aschenbecher, Feuerzeuge, Streichhölzer.
- Meiden Sie die Gesellschaft von Rauchern.
- Verzichten Sie in den ersten vier Wochen auf Gewohnheiten, die zum Rauchen verführen: Kaffee- oder Zigarettenpausen im Büro, lange Fernsehabende, Stammtischbesuche.
- Hören Sie in den ersten vier Wochen dann auf zu essen, wenn es Ihnen am besten schmeckt. Als Nichtraucher verbrennen Sie zehn Prozent weniger Kalorien als ein Raucher.
- Damit Sie die freiwerdenden Giftstoffe gut aus Ihrem Körper ausscheiden können, sollten Sie täglich mindestens zwei bis drei Liter Flüssigkeit zu sich nehmen. Meiden Sie aber Kaffee, schwarzen Tee und alkoholische Getränke.

## Alkohol

Damit sind wir bei einem Genußmittel, das ebenfalls zu den »schleichenden« Giften gehört: Alkohol. Wer nicht gerade überempfindlich gegen alkoholische Stoffe ist, für den ist Alkohol in kleinen Mengen nicht schädlich. In geringer Dosis, etwa als Aperitif, hat er sogar eine wohltuende Wirkung. Über die verdauungsfördernde und anregende Wirkung guter Weine ist schon viel geschrieben worden, ebenso über manche Qualitäten des Bieres oder über den Nutzen des Rotweins für ältere Menschen. Geringe Alkoholmengen bedrohen weder die Gesundheit noch die Schönheit. Im Gegenteil: Dank der gefäßerweiternden Eigenschaft des Alkohols wird die Haut besser durchblutet und gewinnt dadurch mehr Farbe.

Doch zuviel Alkohol auf Dauer führt zu einer Sucht, die sowohl für die Gesundheit als auch für das soziale Leben zerstörerisch ist. Wenn Sie es gar nicht erst so weit kommen lassen, sondern Ihren Alkoholkonsum drosseln oder einstellen wollen, kann Ihnen die Akupressur dabei sehr behilflich sein.

Sind Sie allerdings bereits alkoholabhängig, kann die Akupressur alleine Ihnen nicht mehr helfen. Suchen Sie in diesem Fall unbedingt einen Arzt oder eine Beratungsstelle auf.

## Akupressur bei Alkoholproblemen

### *Akupressur der Handgelenke*

- Suchen Sie an Ihrem linken Handgelenk nach der Stelle, wo der Puls gefühlt wird. Drücken Sie mit Ihrem rechten Daumen zwanzigmal kräftig auf diesen Punkt, und wiederholen Sie diese Behandlung anschließend am rechten Handgelenk (Abb. 60).

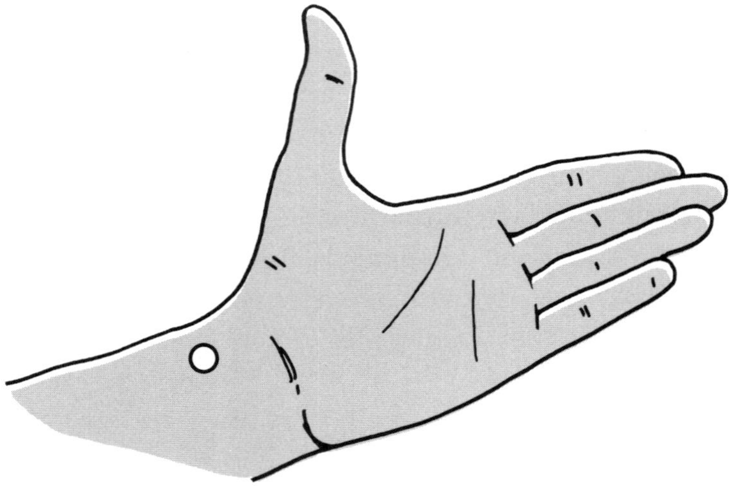

Abb. 60

- Wenn Sie diese Akupressur fünfmal täglich durchführen, wird sich Ihr Bedürfnis nach Alkohol im Laufe der Zeit vermindern.

## *Akupressur der Knie*

- Setzen Sie sich auf einen Stuhl, legen Sie Ihre Hände mit geschlossenen Fingern auf die Kniescheiben, und beklopfen Sie gleichzeitig an beiden Beinen die Stellen, die genau unterhalb der Mitte Ihrer Kniescheiben liegen, zehnmal mit den Mittelfingern (s. S. 152, Abb. 44).
- Es genügt vollkommen, wenn Sie dies einmal am Tag machen.

### *Akupressur der Ellenbogen*

- Wenn Sie das Gefühl haben, daß die bisher beschriebenen Akupressuren nicht ausreichen, können Sie zusätzlich folgende Behandlung durchführen.
- Winkeln Sie Ihren linken Arm an, und umfassen Sie mit der rechten Hand Ihren linken Ellenbogen, so daß Ihr Daumen genau in der Beugefalte liegt, während die Finger das Ellenbogengelenk umfassen. Akupressieren Sie die unter Ihrem Daumen liegende Stelle eine Minute lang mit kräftigem Druck und kreisenden Bewegungen (s. S. 110, Abb. 27). Wiederholen Sie diese Behandlung am rechten Ellenbogen.
- Wenn Sie diese Akupressur mindestens dreimal täglich durchführen, werden Sie in wenigen Wochen kein Bedürfnis mehr nach Alkohol verspüren.

# SO MASSIEREN SIE SICH IN DEN SCHLAF

Kaum etwas ist wichtiger für Schönheit und Wohlbefinden als ein guter Schlaf. Wer unausgeschlafen ist, sieht müde und abgespannt aus und ist darüber hinaus oft nervös und leicht gereizt. Da aber viele Menschen Probleme mit dem Schlaf haben, gibt es wohl kaum einen deutschen Nachttisch ohne die berüchtigte Pillenschachtel.

Nach den Amerikanern sind wir die größten Verbraucher von Schlafmitteln jeder Art. Dabei müßte sich eigentlich längst herumgesprochen haben, daß Schlafmittel alles mögliche fördern, aber keinen gesunden Schlaf. Sie führen lediglich eine leichte Narkose herbei, die mit Schlafen überhaupt nichts zu tun hat.

Schlafen ist ein ziemlich komplizierter Vorgang, dem Schlafforscher seit langer Zeit auf der Spur sind, ohne ihn bisher ganz zu durchschauen. Es werden dabei unterschiedliche »Schlaftiefen« erreicht, die sich jeweils durch spezielle Hirnstromkurven, Augenbewegungen und Traumhäufigkeit auszeichnen. Dergleichen läßt sich nicht aus der Pillenschachtel naschen. Das einzig meßbare Ergebnis eines Schlafmittels ist der »Medikamenten-Kater« am nächsten Morgen.

Die traditionelle chinesische Medizin nennt folgende Ursachen für Schlaflosigkeit:

- Geistige Überanstrengung verzehrt Lebensenergie sowie Blut und beeinträchtigt die Funktion von Herz und Milz, was zu Zerstreutheit und Schlaflosigkeit führt.
- Blutmangel im Herzen stört die Herzfunktion und die Geistestätigkeit und hat Schlaflosigkeit zur Folge.
- Depressionen verursachen eine Störung in der Leber und beeinträchtigen die geistigen Aktivitäten einschließlich des Schlafs.
- Ungeeignete Nahrung behindert die Tätigkeit von Magen und Milz, so daß eine Magenverstimmung den Schlaf stört.

## Akupressur gegen Schlaflosigkeit

Wenn Sie aber nicht ein- oder durchschlafen können und Medikamente Ihnen auch keinen richtigen Schlaf bringen, was können Sie dann tun? Eine ganze Menge: Es gibt eine ganze Reihe von Akupressuren, die Ihnen einen guten Schlaf bescheren.

Alle im folgenden beschriebenen Akupressurmethoden verlangen Konzentration und Genauigkeit beim Zählen. Bei konsequenter Durchführung wird die Schlaflosigkeit im Laufe der Zeit gemildert oder ganz behoben. Bleibt der Erfolg jedoch aus, sollten Sie einen Arzt aufsuchen, da dann eventuell eine behandlungsbedürftige Erkrankung die Ursache Ihrer Schlafstörungen sein kann.

Es ist keineswegs nötig, alle Akupressuren nacheinander durchzuführen. Probieren Sie aus, welche Ihnen am besten helfen. In der Regel wird es ausreichen, wenn Sie sich auf zwei oder drei Methoden beschränken.

## *Akupressur des Gesichtes*

- Reiben Sie Ihre Handflächen kräftig aneinander, bis sie warm sind. Legen Sie dann Ihre Hände auf beide Wangen, und streichen Sie zehn- bis zwanzigmal auf und nieder. Seien Sie nett zu Ihrem Gesicht, und lassen Sie Ihre Hände sanft darüber gleiten.
- Suchen Sie den Mittelpunkt zwischen Ihren Augenbrauen über der Nasenwurzel: Üben Sie zunächst mit Ihrem rechten Mittelfinger kräftigen Druck auf diesen Punkt aus, und massieren Sie ihn mindestens dreißigmal kreisförmig. Seien Sie nicht hektisch, die Akupressur muß in aller Ruhe erfolgen, aber massieren Sie energisch! Wenn Sie es richtig machen, wird Ihnen der Finger schließlich weh tun.
- Wiederholen Sie die Akupressur mit dem linken Mittelfinger, und zwar so kräftig, daß am massierten Punkt ein ziehender Schmerz und eine kleine Schwellung entstehen.

## *Ohr-Akupressur*

- Nehmen Sie die oberen Bereiche beider Ohrmuscheln zwischen Daumen und Zeigefinger (Daumen hinten, Finger vorne), und akupressieren Sie die Ohrmuscheln zwanzigmal von oben nach unten bis zum Ohrläppchen. Drücken Sie jeweils mindestens achtmal zu, aber nicht zu heftig, denn diese Behandlung soll behutsam erfolgen.
- Reiben Sie danach Ihre Ohrläppchen dreißigmal mit den Mittelfingern, bis in den Ohren ein Wärmegefühl entsteht.

## *Akupressur des Kopfes*

- Wenn Sie an beiden Kopfseiten hinter Ihren Ohrläppchen entlangtasten, finden Sie dort je eine Vertiefung, den Akupressurpunkt »Anmian« (Abb. 61). Reiben und kneten Sie diesen »Schlafpunkt« an beiden Seiten gleichzeitig je fünfzehnmal im Kreis.
- Streichen Sie danach mit beiden Händen gleichzeitig zwanzigmal von den »Anmian«-Punkten über den Hals nach unten-vorne bis zum Kehlkopf. Tun Sie dies mit mittlerem Druck, aber nicht zu schnell, so daß kein Gefühl des Drucks im Nacken entsteht.

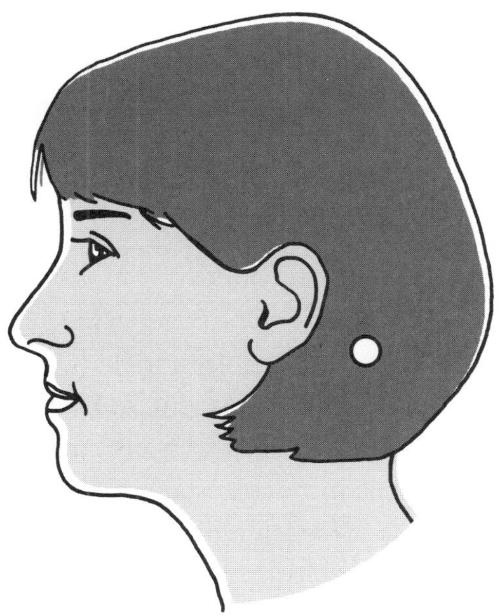

Abb. 61

## *Akupressur des Bauches*

- Wenn Sie nicht schlafen können, weil Ihr Magen Beschwerden macht, hilft Ihnen eine Bauchakupressur. Sie stärkt außerdem den Magen und regt die Verdauung an.
- Legen Sie sich auf das Bett, und versuchen Sie zunächst, sich zu entspannen. Machen Sie es sich richtig gemütlich, und denken Sie dabei an etwas Schönes.
- Wenn Sie zur Ruhe gekommen sind, reiben Sie Ihre Handflächen aneinander, bis sie warm sind.
- Dann entblößen Sie Ihren Bauch und reiben ihn mit einer Hand zwanzigmal im Uhrzeigersinn. Massieren Sie nicht zu kräftig. Spüren Sie, wie Ihnen diese Massage gut tut? Vielleicht machen Sie sogar ein entkrampfendes »Bäuerchen«.
- Und weil sie so angenehm ist, wiederholen Sie diese Behandlung mit der anderen Hand, aber entgegen dem Uhrzeigersinn.

## *Akupressur der Fußgewölbe*

- Diese Behandlung verhilft Ihnen zu ruhigem Schlaf, stärkt den Magen und reguliert die Leberfunktion.
- Füllen Sie Ihr Duschbecken, Ihr Bidet oder eine Schüssel so hoch mit mindestens 50 Grad warmem Wasser, daß es bis über die Fußknöchel reicht. Lassen Sie Ihre Füße so lange in dem heißen Wasser, bis sie rot und die Kapillaren blutgefüllt sind. Dann nehmen Sie sie heraus, trocknen sie ab und beginnen mit der Akupressur.

- Dazu setzen Sie sich am besten im Schneidersitz auf den Boden, und zwar so, daß Ihre Fußsohlen nach oben zeigen. Massieren Sie die Mitte der Fußgewölbe mit den Daumenkuppen. Pressen Sie neunzigmal kräftig und an beiden Füßen gleichzeitig.

## *Akupressur der Fersen*

- Diese Behandlung wird ebenfalls am besten am Boden sitzend ausgeführt. Bei Frauen und Männern müssen unterschiedliche Punkte gedrückt werden.
- **Frauen:** Umgreifen Sie Ihre Fersen mit beiden Händen, und legen Sie Ihre Daumen auf jene Stellen, die sich einen Fingerbreit direkt unter den Innenknöcheln in einer kleinen Vertiefung befinden. Massieren Sie diese Punkte mit den Daumen gleichzeitig nach oben und nach hinten. Tun Sie dies kräftig und mindestens drei Minuten lang.
- **Männer:** Umgreifen Sie Ihre Fersen ebenfalls mit beiden Händen, und zwar so, daß die Zeige- und Mittelfinger in einer kleinen Vertiefung, die eineinhalb Fingerbreit unterhalb der Außenknöchel liegt, zu liegen kommen. Massieren Sie diese Stellen drei Minuten lang kräftig in Richtung Zehen.

# SO WERDEN DIE »TAGE« NICHT ZUR PLAGE

Während die Menstruation für manche Frauen ein nicht weiter hinderliches, ja sogar angenehmes Ereignis ist, stellt sie für andere eine große Last dar. Für sie sind die »Tage« mit körperlichen und seelischen Leiden verbunden. Sie fühlen sich gereizt, leiden unter Bauchschmerzen und sind manchmal sogar bettlägrig.

Tatsächlich gibt es wenige Körperfunktionen des Menschen, die sich so wenig an die Regeln halten wie die »Regel« der Frau. Im allgemeinen beginnt die Menstruation bei Mädchen zwischen zehn und fünfzehn Jahren, sie kann aber im Einzelfall auch schon mal früher oder später auftreten.

Die gleiche Unregelmäßigkeit läßt sich auch bei der Dauer des Zyklus beobachten. Im Prinzip sollte er 28 Tage dauern, aber nicht selten beträgt der Turnus 20 bis 22 oder auch 34 bis 36 Tage. Solche Abweichungen von der Norm sind jedoch unproblematisch, solange die Regel immer in denselben Abständen erscheint – gleichgültig, ob diese Zeitspannen länger oder kürzer als 28 Tage sind.

Auch unregelmäßige Zyklen sind nicht unbedingt behandlungsbedürftig. Viele Frauen haben einen unregelmäßigen Zyklus, ohne sich daran zu stören oder darunter zu leiden. Sie empfinden es höchstens als Nachteil, daß sie keine natürlichen Verhütungsmethoden anwenden können, die sich darauf gründen, daß man seine fruchtbaren und seine unfruchtbaren Tage berechnet.

Viele Frauen sind hektisch und reizbar, bevor sie ihre Menstruation bekommen, und das bekommt auch oft ihre Umwelt zu spüren. Wenn die Blutung eingesetzt hat, hält das Unbehagen oft noch etwas an, oder die Frau hat gar nur das Bedürfnis, im Bett zu bleiben. Das hängt ganz davon ab, wie schmerzhaft ihre Regel ist. Die Ursache für Menstruationsbeschwerden kann im Bereich der Geschlechtsorgane liegen, auch Verdauungs- oder Durchblutungsstörungen sowie psychische Probleme können die Schmerzen bewirken. Aber nicht allein körperliche Schmerzen sind es, die viele Frauen vor und während der Menstruation plagen. Dazu kommen manchmal seelische Verstimmungen bis hin zu schweren Depressionen.

## Akupressur bei Menstruationsbeschwerden

Wenn Sie keine organischen Erkrankungen haben und die nachfolgend beschriebenen Akupressuren jeden Monat zu Beginn der Regel ausführen, ersparen Sie sich viel Kummer und Schmerzen, und nach etwa einem halben Jahr konsequenter Anwendung dürften die Beschwerden ganz ausbleiben.

Zur Stimmungsaufhellung...

*Akupressur der Mittelfinger*

- Pressen Sie mit Ihrem rechten Daumennagel kräftig fünfmal auf den zum Zeigefinger gerichteten Nagelwinkel

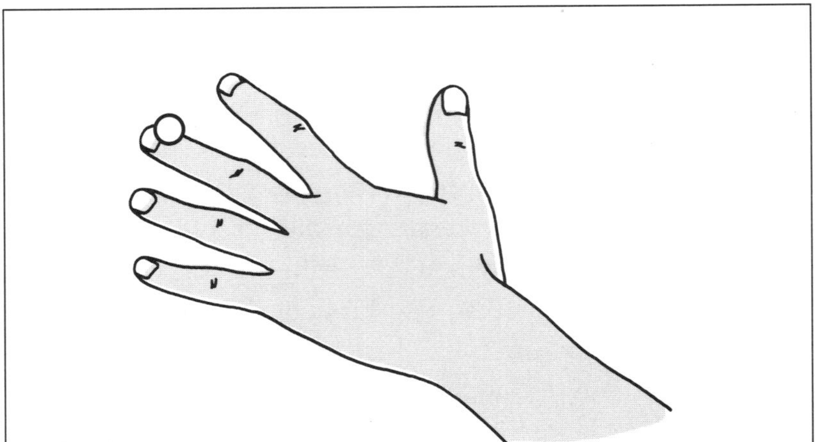

Abb. 62

Ihres linken Mittelfingers (Abb. 62). Wiederholen Sie diese Behandlung anschließend mit dem linken Daumen am rechten Mittelfinger.

- Führen Sie diese Akupressur immer dann durch, wenn die trüben Gedanken sich wieder melden.

Bei krampfartigen Schmerzen …

## *Akupressur des Bauches*

- Legen Sie eine warme(!) Handfläche direkt unter Ihren Nabel, und üben Sie mit der gesamten Handfläche Druck aus. Seien Sie dabei vorsichtig, denn sobald Sie zu heftig drücken, verkrampft sich Ihr Unterleib nur noch mehr! Wenn Sie dagegen sanft pressen, spüren Sie, wie die Wärme in den Bauch ausstrahlt.
- Wenn die Stelle angenehm warm geworden ist, schieben Sie die Handfläche einen Fingerbreit nach unten. Wenn

dieser Bereich ebenfalls schön warm geworden ist, rücken Sie noch zweimal jeweils einen Fingerbreit tiefer.

- Wie lange Sie für diese Behandlung brauchen, läßt sich nicht genau sagen, weil es von Mensch zu Mensch verschieden ist, wann sich das Wärmegefühl einstellt.
- Führen Sie diese Akupressur mindestens zweimal am Tag durch.

Bei zu starken Blutungen …

### *Akupressur der Fußsohlen*

- Setzen Sie sich auf einen Stuhl, und legen Sie den rechten nackten Fuß auf Ihren linken Oberschenkel. Massieren Sie mit dem Mittelfinger einen Punkt, der in der Fußsohlenmitte genau unterhalb des Innenknöchels liegt (Abb. 63). Tun Sie dies zwei Minuten lang mit mittlerem Druck. Behandeln Sie den rechten Fuß auf dieselbe Weise.
- Führen Sie diese Akupressur dreimal täglich durch.

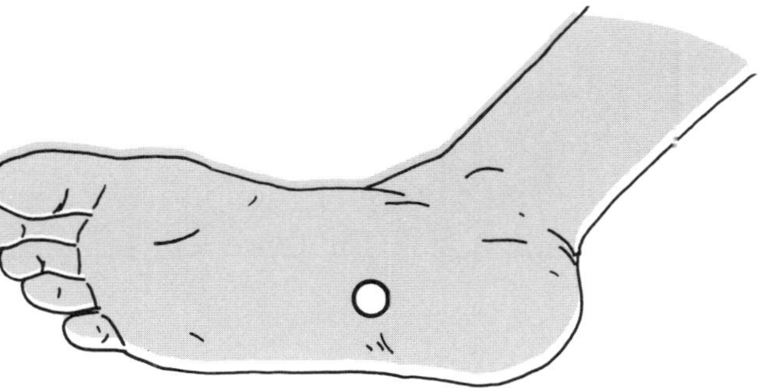

Abb. 63

Bei unregelmäßigen Blutungen…

## *Akupressur der Fußrücken*

- Setzen Sie sich auf einen Stuhl, stellen Sie Ihre Füße fest auf den Boden, und beugen Sie sich etwas nach vorne, so daß Sie Ihre Fußrücken mit den Händen erreichen können. Rücken Sie von den »Schwimmhäuten« zwischen den großen Zehen und den zweiten Zehen zwei Fingerbreit in Richtung Fußrücken (Abb. 64). Massieren Sie diese Stellen mit Ihren Daumen an beiden Füßen gleichzeitig mindestens zwei Minuten lang mit kräftigem Druck.
- Führen Sie diese Akupressur dreimal täglich durch.

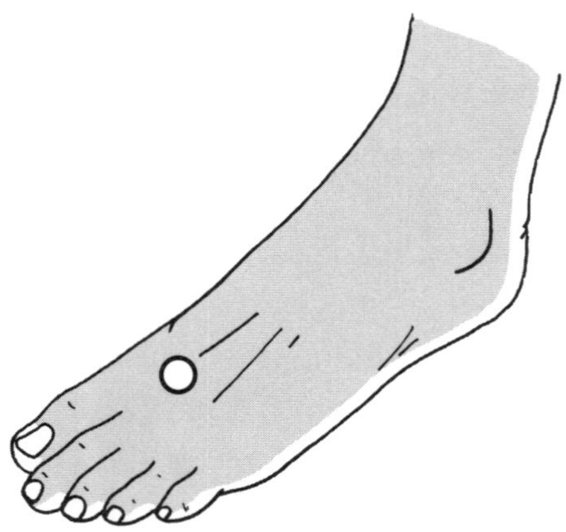

Abb. 64

# LUSTLOSIGKEIT UND IMPOTENZ – WIE SIE SICH UND IHREN PARTNER VERJÜNGEN KÖNNEN

Von Leuten, die aus der Hand lesen können, haben Sie bestimmt schon gehört. In Indien aber widmen sich die Wahrsager dem »Fußlesen«! Klingt verrückt, ist es aber nicht. Die Inder haben schon vor langer Zeit festgestellt, daß sich bestimmte Eigenheiten eines Menschen sowie körperliche Schwächen an den Füßen »ablesen« lassen.

Aber sie beließen es nicht beim Deuten der Füße, sondern sie folgerten: Wenn sich eine Krankheit am Fuß erkennen läßt, muß es auch möglich sein, über den Fuß die Krankheit zu beeinflussen. Bei einigen Leiden erwies sich ihre Erkenntnis als richtig. Werden entsprechende Stellen an den Füßen massiert oder wird mit einem Gegenstand Druck auf sie ausgeübt, verschwinden die Beschwerden.

Die heutigen Spezialisten auf dem Gebiet der Fußreflexzonenmassage streiten sich noch um den einen oder anderen Punkt am Fuß und seine Bedeutung. Man ist sich aber darin einig, daß die Mitte der Unterseite der großen Zehen in Verbindung mit der Hypophyse steht.

Was aber ist die Hypophyse und welche Funktionen hat sie? Die Hypophyse wird auch Hirnanhangdrüse genannt. Sie ist nur etwa so groß wie eine Kirsche und befindet sich gut geschützt mitten im Schädel. Diese Drüse ist die »Chefin« aller Hormondrüsen und dirigiert sozusagen das Hormonkonzert im menschlichen Körper.

Sie bestimmt, wann ein Mensch geschlechtsreif wird, wie groß er wird, ob er eher angriffslustig oder friedlich ist. Die winzige Drüse legt auch fest, wann eine Frau in die Wechseljahre kommt und ob ein Mann noch in hohem Alter Nachkommen zeugen kann. Kurz: Ohne die Hypophyse läuft nichts.

Wird die Hypophyse frisch und jung gehalten, wirkt sich das nicht nur vorteilhaft auf Ihr körperliches Befinden aus, auch Ihre Schönheit bleibt erhalten.

Wenn Sie im nächsten Fernsehbericht über Indien (oder bei einer Urlaubsreise) einen Guru, Fakir oder Yogi entdecken, der sich an seiner großen Zehe zu schaffen macht, sollten Sie nicht glauben, der alte, aber springlebendige Herr beseitige den Mist heiliger Kühe von seinen Füßen. Nein, er massiert indirekt die Hypophyse, weil er weiß, wozu das gut ist.

Machen Sie es den Indern nach! Die Behandlung ist ganz einfach.

## Verjüngung durch Akupressur

Die nachfolgend beschriebene Akupressur hat es in sich. Sie dürfen allerdings keine sofortigen Wunderwirkungen erwarten. Wenn Sie aber nach vier Monaten oder einem halben Jahr feststellen, daß Sie sich insgesamt wohler fühlen, daß Sie besser aussehen und Ihr »erotischer Appetit« Sie an Ihre Jugendjahre erinnert, dann hat die kleine Drüse in Ihrem Kopf begriffen, was Sie von ihr wünschen. Nun liegt es bei Ihnen, ob Sie eine »Dauerverjüngung« haben wollen oder nicht.

### *Akupressur der großen Zehen*

- Legen Sie den rechten Fuß auf den Oberschenkel des linken Beines. Lassen Sie die rechte Handfläche auf der Oberseite der großen Zehe ruhen, während Sie mit dem Mittelfinger der linken Hand die Mitte des Fleischpolsters unter der großen Zehe ertasten. Massieren Sie diese Stelle eine Minute lang kräftig (Fingernagel benutzen!) mit kreisenden Bewegungen. Massieren Sie anschließend die große Zehe Ihres linken Fußes auf dieselbe Weise.
- Zwei einminütige Massagen pro Woche und Zehe reichen völlig aus.

## Stimulation der Libido durch Akupressur

Ein zweiter Fußpunkt, der nicht nur der Schönheit dient, heißt »Herr der Liebe und des Blutes« und macht, wenn er häufiger massiert wird, ausgesprochen sinnlich!

Sollte Ihnen Ihr Partner mit seinen Bemerkungen darüber, daß Sie in Sachen Liebe etwas träge geworden sind, auf die Nerven gehen, dann akupressieren Sie den »Herrn der Liebe und des Blutes« eben etwas öfter.

### *Akupressur der Füße*

- Setzen Sie sich auf den Boden, ziehen Sie die Füße zu Ihrem Körper heran, und suchen Sie nach einem druckempfindlichen Punkt, der sich in der Mitte zwischen dem höchsten Punkt des Innenknöchels und dem Ende der Ferse, manchmal auch etwas näher bei der Ferse, befindet (Abb. 65). Behandeln Sie diesen Punkt zwei Minuten lang an beiden Füßen gleichzeitig durch kreisendes, kräftiges Massieren mit den Fingerkuppen.

- Führen Sie diese Behandlung ebenfalls zweimal pro Woche durch.

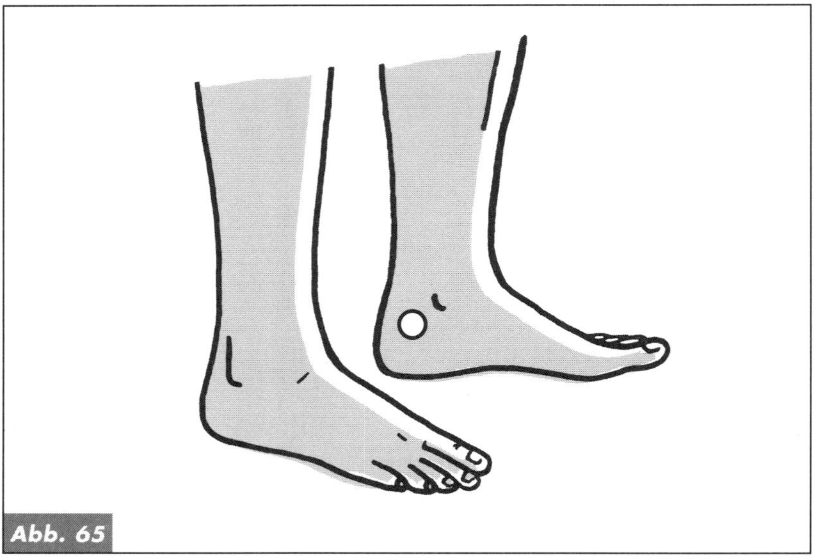

Abb. 65

## Akupressur bei Impotenz

Doch was hilft es, wenn Sie sich unheimlich sexy fühlen, Ihr Partner aber nicht »kann«, weil er impotent ist? Impotenz ist ein Schwächezustand, der zu den natürlichen Alterserscheinungen zählt. Heute gibt es aber auch viele junge Männer, die im Bett versagen. Oft ist die Seele überlastet – beruflicher Streß oder nervliche Überreizung ist dann die Ursache.

Doch am häufigsten entsteht Impotenz aus Furcht vor Impotenz: Nach einer »Panne« befürchtet der Mann, diese könne sich wiederholen, und er versteift sich so sehr auf diesen Gedanken, daß sein Glied tatsächlich schlaff bleibt.

Davon können Sie Ihren Partner mit Hilfe der chinesischen Akupressur befreien! Verraten Sie ihm aber nicht, daß Sie seine Potenz »restaurieren« wollen – die meisten Männer reagieren dann recht seltsam. Erzählen Sie lieber etwas von einer »belebenden Partnermassage«, und behandeln Sie ihn folgendermaßen:

### *Akupressur des Unterbauches*

- Beginnen Sie ganz behutsam: Legen Sie Ihrem auf dem Rücken liegenden Partner eine Handfläche so auf seinen Bauch, daß die Handkante genau am Schamhaaransatz liegt. Drücken Sie dann fünfmal sanft auf seinen Unterleib, so daß er eine wohltuende Wärme empfindet.
- Behandeln Sie ihn auf diese Weise morgens und abends im Bett.

### *Akupressur der Unterschenkel*

- Wenn Sie glauben, daß Ihr Partner eine weitere Akupressur erlaubt, akupressieren Sie den wichtigsten Punkt gegen Erektionsschwäche an den Unterschenkeln.
- Nachdem sich Ihr Partner auf einen Stuhl gesetzt und die Unterschenkel senkrecht gestellt hat, ermitteln Sie – am besten mit einem Zentimetermaß – die Mitte der Strecke zwischen der Oberkante der Kniescheibe und der Fuß-

sohle. Merken Sie sich diese Höhe, und suchen Sie dann die Mitte der Außenseite der Unterschenkel (Abb. 66). Massieren Sie diese Stelle drei Minuten lang kreisförmig und mit leichtem Druck. Behandeln Sie zuerst den linken, dann den rechten Unterschenkel.

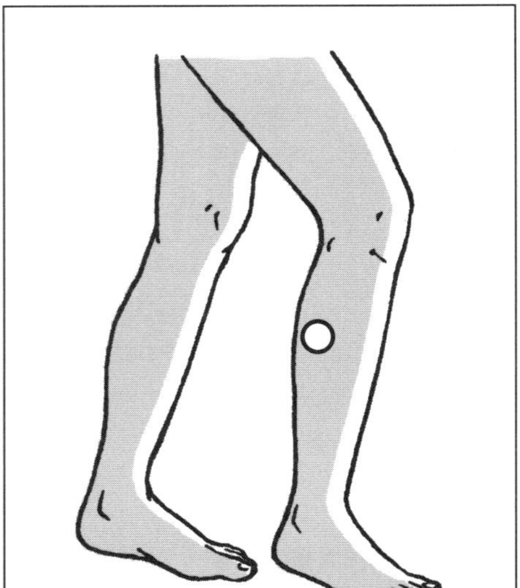
Abb. 66

- Diese Akupressur sollte drei- bis fünfmal täglich durchgeführt werden. Bitten Sie also Ihren Partner, sich am Arbeitsplatz selbst zu behandeln.

# KEINE FURCHT VOR DEN WECHSELJAHREN

Wechseljahre – früher zuckten die Frauen zusammen, wenn sie das »schreckliche« Wort hörten. Als ob sie sich ihres Alters schämten, war es für sie tabu, offen über die körperliche Veränderung zu sprechen. Die Angst, nunmehr zum »alten Eisen« zu gehören, und damit für den Partner uninteressant geworden zu sein, stürzte viele sogar in Depressionen. Heute sind Frauen länger schön und begehrenswert, weil sich ihre Einstellung verändert hat. Immerhin liegt nach Eintritt der Menopause noch etwa ein Drittel ihres Lebens vor ihnen.

Aus medizinischer Sicht sind die Wechseljahre (Klimakterium) die Zeitspanne etwa zwischen dem 45. und 55. Lebensjahr der Frau, während der sie ihre letzte Monatsblutung hat und es zum Erlöschen der Eierstocktätigkeit kommt. Nur bei etwa einem Viertel der Frauen sind die Veränderungen mit körperlichen Beschwerden verbunden.

## Häufige Beschwerden während der Wechseljahre

### *Hitzewallungen*

Hitzewallungen treten gewöhnlich etwa zwei, vereinzelt auch über zehn Jahre lang auf. Manchmal melden sie

sich schon mit 35 Jahren oder früher. Während der Wechseljahre gehören sie beinahe zur Normalität. Der Schulmedizin sind die »heißen Phasen« noch ein Rätsel. Es ist unbekannt, warum der Temperaturregler des Körpers plötzlich nicht mehr richtig arbeitet.
Für die meisten Frauen sind die Hitzewallungen nur ein lästiges Übel, doch einige haben das Gefühl, ihre Haut stehe in Flammen, und man könne das auch sehen. Äußerlich sind die Veränderungen aber kaum zu erkennen, und meist merkt niemand etwas davon. Hier ein paar Tips, wie Sie der plötzlich aufsteigenden Glut in Ihrem Körper vorbeugen können:

- Tragen Sie mehrere Kleidungsstücke übereinander, die Sie bei Bedarf ablegen und wieder überziehen können. Wählen Sie Naturfasern wie Baumwolle oder Wolle.
- Treiben Sie regelmäßig Sport.
- Meiden Sie Alkohol, insbesondere Rotwein, sowie Tabak und Kaffee.
- Machen Sie einfache Entspannungs- und Meditationsübungen.
- Vermeiden Sie Streß.

### *Nächtliche Schweißausbrüche*

Manchen Frauen hilft es, wenn sie nach dem Abendessen nichts mehr zu sich nehmen und sich vor dem Schlafengehen entspannen. Andere stellen sich eine Thermosflasche mit kaltem Wasser oder eine Schale Eiswürfel ans Bett.

### *Blasenschwäche*

Nach der Menopause können manche Frauen die Harnblase nur schlecht kontrollieren und müssen häufiger als früher die Toilette aufsuchen, weil die Blasenmuskulatur nachläßt. Um dem vorzubeugen, können Sie die sogenannten »Kegel-Übungen« (benannt nach dem Arzt, der sie entwickelt hat) machen:

Straffen und entspannen Sie zunächst schnell und ohne Zwischenpause den Schambeinmuskel. Führen Sie dieselbe Übung danach langsam aus: Anspannen und bis drei zählen, entspannen. Nehmen Sie sich insgesamt mindestens drei Minuten Zeit für diese Übung, und führen Sie sie regelmäßig drei- bis viermal täglich durch.

### *Trockenheit der Scheide*

Weil mit den Wechseljahren ein Östrogenmangel einsetzt, leiden einige Frauen unter Trockenheit, Juckreiz, manchmal auch unter einer Schrumpfung der Scheide. Regelmäßiger und häufiger Geschlechtsverkehr kann solchen Beschwerden vorbeugen und auch abhelfen.

Doch manche Frauen fühlen sich in dieser Situation so unwohl, daß sie kein Bedürfnis nach Sex haben. Sie brauchen daher eine verstärkte sexuelle Stimulierung. Der Mann, dessen Begehren ebenfalls darunter leiden kann, sollte seine Partnerin deshalb mit vielen Zärtlichkeiten so verwöhnen, daß die Scheide wieder feuchter wird. Manchmal helfen auch die »Kegel-Übungen«. Ebenso können Gleitgel oder Kokosöl Abhilfe schaffen.

### *Depressionen*

Alle Veränderungen im Leben, auch solche zum Guten, sind mit Streß verbunden. Warum sollte es beim Klimakterium anders sein? Manche Frauen werden mürrisch, launisch oder vergeßlich – vielleicht eine Reaktion auf starke Hitzewallungen oder andere Beschwerden der Wechseljahre, auf den Kummer um ihre vergangene Jugend, auf die Vorstellung, das eigentliche Leben sei jetzt vorbei.

Untersuchungen haben ergeben, daß Frauen, die vor dem Klimakterium unglücklich waren, danach noch mehr zu Depressionen neigen. Sie zeigen aber auch, daß Frauen, die ein positives Lebensgefühl haben, weniger unter solchen Schwankungen leiden. Daher werden vielfältige Interessen und ein großer Freundeskreis mit zunehmendem Alter immer wichtiger.

## Akupressur gegen Beschwerden in den Wechseljahren

Mit den Jahren ergrauen die Haare, erschlafft der Körper, und die ersten Falten tauchen auf. Die biologische Uhr tickt für alle, doch vieles von dem, was die Beschwerden des Klimakteriums erleichtert – die richtige Einstellung, Bewegung und ein harmonisches Liebesleben –, kann Ihnen das Gefühl vermitteln, immer noch jung und schön zu sein. Und sollten Ihnen zwischendurch die Wechseljahre doch einmal zu schaffen machen, können Sie Ihre Beschwerden mit Akupressur erheblich lindern!

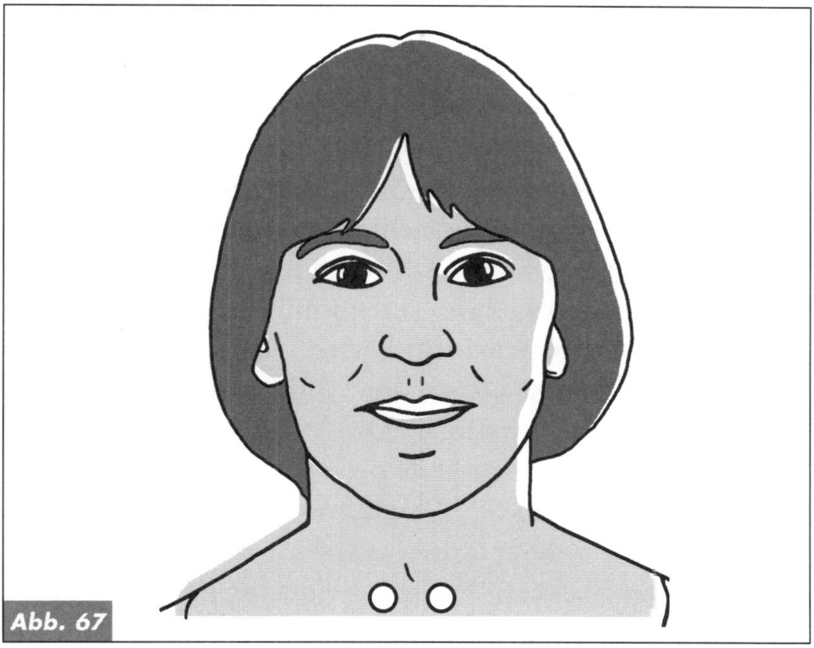

Abb. 67

## *Akupressur der Schilddrüse*

- Neigen Sie Ihren Kopf leicht nach vorne, um die Nackenmuskulatur zu entspannen. Legen Sie beide Hände in den Nacken und Ihre Daumen an die Vorderseite Ihres Halses links und rechts unterhalb des Kehlkopfes (Abb. 67). Massieren Sie die unter Ihren Daumen liegenden Punkte gleichzeitig ganz sanft fünfmal rauf und runter.
- Diese Behandlung der Schilddrüse eignet sich auch gut zur Vorbeugung, und Sie sollten sie täglich morgens und abends durchführen.
- **Achtung:** Gehen Sie sorgsam mit Ihrer Schilddrüse um! Sie ist überaus empfindlich, und eine zu starke Stimulation kann zu Schlafstörungen oder Haarausfall führen.

## *Akupressur des unteren Rückens*

- Legen Sie beide Zeige- oder Mittelfinger auf zwei Punkte, die sich zwei Fingerbreit links und rechts neben dem Ende Ihrer Gesäßfalte befinden, und massieren Sie diese Stellen unter mittelkräftigem Druck drei Minuten lang nach unten.
- Suchen Sie anschließend einen Punkt, der zwischen dem zweiten und dritten Lendenwirbel liegt, und massieren ihn mit mittlerem Druck drei Minuten lang nach oben. (Abb. 68). (Der zweite Lendenwirbel befindet sich auf der Höhe der letzten Rippen.)
- Am angenehmsten ist es, wenn man diese Akupressur von einem Partner durchführen lassen kann.
- Behandeln Sie diese Punkte dreimal täglich, oder lassen Sie sie behandeln.

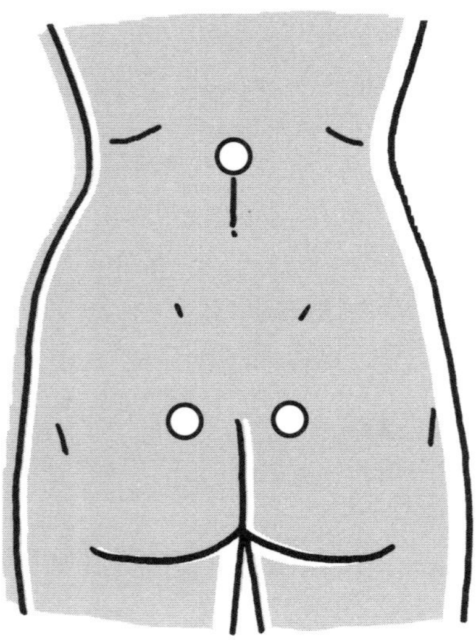

Abb. 68

## *Unauffällige Behandlungen für Zwischendurch*

- Im Sitzen: Legen Sie eine Mittelfingerkuppe genau in die Mitte Ihres Bauchnabels, und drücken Sie fünfmal leicht auf diesen Punkt.
- Im Stehen: Legen Sie den rechten Daumennagel auf den zum Ringfinger zeigenden Nagelwinkel des kleinen Fingers der linken Hand, und massieren Sie die Haut etwa drei Minuten lang mit sanftem(!) Druck nach außen. Behandeln Sie anschließend den kleinen Finger der rechten Hand auf dieselbe Weise.
- Diese beiden einfachen Behandlungen eignen sich auch gut zur Vorbeugung. Führen Sie sie deshalb regelmäßig dreimal täglich durch.

# WENN IHNEN DAS WETTER ZU SCHAFFEN MACHT

Das Wetter beeinflußt unser vegetatives Nervensystem, das sozusagen die Verbindung zwischen Körper und Seele darstellt. An diesem Geschehen sind auch die Hormone beteiligt. Besonders die Neurotransmitter im Gehirn werden durch bestimmte Wetterreize beeinflußt. Die Folge: seelische Veränderungen durch bestimmte Wetterlagen.

Von Wetterfühligkeit spricht man, wenn sich die Symptome bestehender Erkrankungen sowie von Unfall- und Verletzungsfolgen unter Witterungsbedingungen deutlich verstärken. Die meisten wetterfühligen Menschen leiden, wenn ein Tiefdruckgebiet naht. Beschwerden wie Nervosität, Müdigkeit und Erschöpfung, gedrückte Stimmung, Herzbeschwerden und vor allem Beklemmungen, Schwindel, Kopfweh und Konzentrationseinbußen, Schmerzen an Knochenbruchstellen und Operationsnarben können auftreten. Sogar die Kriminalität und die Unfallgefahr nehmen zu.

»Die feinsten Köpfe leiden am Wetter«, sagte schon Goethe und machte sich damit selbst ein dickes Kompliment, denn er war extrem wetterfühlig. Meist sind allerdings eher Menschen mit einem empfindlichen Nervenkostüm betroffen. Sie reagieren sensibler auf alle möglichen Reize – also auch auf das Wetter.

Hormonell bedingt reagieren Frauen außerdem meist sensibler als Männer. Folglich spricht ihr vegetatives Nervensystem auch eher auf das Wetter an. Wenn die männliche Seele allerdings auf das Wetter reagiert, geht's rund! Starke sommerliche Hitze macht die Männer besonders aggressiv. Die Ursache liegt in ihrer Hormonkonstellation. Und weil Männer ganz allgemein eher explodieren als Frauen, verschlimmert die Hitze dieses Verhalten noch.

Mit hoher Wahrscheinlichkeit erzeugen Witterungsveränderungen bei zahlreichen Menschen schlicht und einfach Streß: Die beiden Gegenspieler Adrenalin (blutdrucksteigernd) und Noradrenalin (pulsverlangsamend) zeigen außergewöhnliche Mischreaktionen, oder aber eines dieser Nebennierenrindenhormone gewinnt die Oberhand. Das kann sowohl eine psychovegetative Unausgewogenheit und deutlichen Leistungsabfall bewirken wie auch gesteigertes Wohlgefühl und das Empfinden, Bäume ausreißen zu können.

Nicht alle Wetterstörungen sind dramatisch. Manche Leute werden bei Föhn nur mißgelaunt oder müde, andere leiden unter depressiven Verstimmungen, wenn ein Hoch heranzieht. Unangenehm ist Wetterempfindlichkeit allemal. Ärzte verschreiben oftmals Beruhigungsmittel dagegen.

Wenn diese Medikamente tatsächlich beruhigen, sind sie leider meist nicht ungefährlich, weil sie entweder süchtig machen oder andere unerfreuliche Nebenwirkungen wie Übelkeit, Migräne und manches andere mit sich bringen.

## Akupressur gegen Wetterfühligkeit

Wenn Sie zu den wetterfühligen Menschen gehören, können Sie sich vor den lästigen Unpäßlichkeiten mit Akupressur sowohl vorbeugend schützen als auch im Akutfall helfen.

Sicherlich kann eine der folgenden Akupressur-Behandlungen dazu beitragen, daß sich Ihre Belastungen durch Wetterveränderungen in erträglichen Grenzen halten oder ganz verschwinden.

Zur Vorbeugung…

### *Akupressur der Fußsohlen*

- Legen Sie Ihren linken Fuß auf Ihren rechten Oberschenkel, und krümmen Sie ihn so zusammen, also ob Sie einen Gegenstand ergreifen wollten. Dabei bildet sich im oberen Drittel der Fußsohle eine dreieckige Falte, deren Spitze auf den Zwischenraum zwischen der zweiten und dritten Zehe gerichtet ist. Im Winkel dieser Spitze ist die gesuchte Stelle, die Sie jetzt mit dem Zeige- oder Mittelfinger drei Minuten lang massieren (Abb. 69). Anschließend wiederholen Sie diese Behandlung am rechten Fuß.

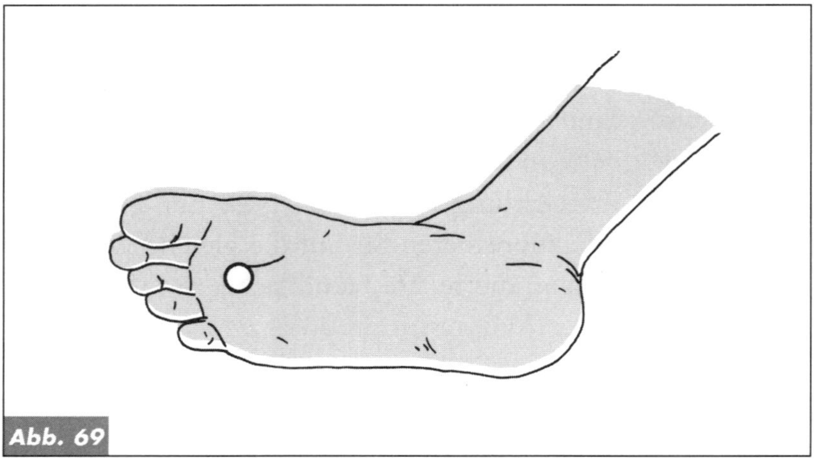

Abb. 69

- Diese Akupressur wirkt beruhigend auf das sogenannte »Sonnengeflecht« – eine Ansammlung zahlreicher vegetativer Nervenstränge, die sich unterhalb des Brustbeins befindet. Manche Menschen spüren nach der Behandlung ein Wärmegefühl, das vom Sonnengeflecht her ausstrahlt. Im allgemeinen dauert es aber zwei Wochen, bis das vegetative Nervensystem sich so stabilisiert hat, daß Wetterstürze nicht mehr als »Katastrophen« empfunden werden.

Im Akutfall…

### *Akupressur der Leberzone*

- Legen Sie gleich morgens nach dem Aufwachen Ihre rechte Hand flach auf den rechten Rippenbogen oberhalb der Leber (s. S. 94, Abb. 21), und drücken Sie innerhalb von drei Minuten zehnmal hintereinander fest auf diese Stelle.

### *Akupressur der Handflächen*

- Ballen Sie Ihre rechte Hand zur Faust, und streichen Sie mit den Knöcheln fünfmal über die Innenfläche der linken Hand in Richtung Herz. Aber bitte nur ganz sanft! Anschließend akupressieren Sie auf die gleiche Weise mit Ihrer linken Hand die rechte Handfläche.
- Führen Sie diese Akupressur dreimal täglich durch.

### *Akupressur des Nackens*

- Legen Sie die Finger beider Hände auf die senkrecht verlaufenden Muskelstränge neben der Halswirbelsäule, und drücken Sie mit Ihrer ganzen Kraft gerade nach vorne Richtung Hals. Bleiben Sie mit Ihren Fingern unbedingt auf den Muskeln, und drücken Sie keinesfalls gegen die Halswirbel!
- Schieben Sie dann ebenfalls mit kräftigem Druck die Haut über diesen Muskelsträngen fünfmal hin und her.
- Zugegeben, das tut ziemlich weh, aber gerade diese Behandlung hilft sehr gut, wenn Sie der Wetterumschwung »mit allen Schikanen« erwischt hat.
- Führen Sie diese Akupressur zweimal täglich durch.

### *Akupressur vor den Ohrläppchen*

- Massieren Sie mit dem rechten Mittelfinger drei Minuten lang einen Punkt kurz vor dem Ansatz Ihres rechten Ohrläppchens auf der Gesichtshaut nach oben.
- Massieren Sie anschließend mit Ihrem linken Mittelfinger den gleichen Punkt vor dem linken Ohrläppchen, jetzt jedoch nach unten.
- Führen Sie diese Akupressur mindestens dreimal täglich durch.

# LITERATUR


Dr. Bahr, Frank R.: Akupressur. Erfolgreiche Selbstbehandlung bei Schmerzen und Beschwerden. Mosaik Verlag, München 1994

Bernau, Lutz: Das große Akupressur-Buch. Ehrenwirth Verlag, München 1986

Ebner, Wolf C.: Akupressur wirkt sofort! Schmerzlinderung ohne Medikamente. Ariston Verlag, Kreuzlingen/München, 4. Aufl. 1995

Meyer, Christian: Schlank durch Fingerdruck – die neue Akupressur-Methode: diätfrei, streßfrei, effizient. Ariston Verlag, Kreuzlingen/München, 6. Aufl. 1996

Kursbuch Gesundheit. Verlag Kiepenheuer & Witsch, Köln 1997

Zeng Qingnan: Methoden der traditionellen chinesischen Gesundheitspflege. Verlag für fremdsprachige Literatur, Peking 1991

Zeng Qingnan: Believe it or not – ancient and mysterious chinese Qigong. Verlag für fremdsprachige Literatur, Peking 1991

Prof. Li Ding: Meridian Qigong. Verlag für fremdsprachige Literatur, Peking 1988

Prof. Li Ding / Bambang Sutomo: Taiji-Qigong in achtundzwanzig Schritten. Verlag für fremdsprachige Literatur, Peking 1990